15 Centimes la Livraison
(12 pages de Texte et Musique).

CHANSONS

ET

PASQUILLES LILLOISES,

Par

DESROUSSEAUX.

2.ᵉ *Volume.* — 1ʳᵉ *Livraison.* 1 — 11.

LILLE,

CHEZ LES PRINCIPAUX LIBRAIRES.

1852.

Comme par le passé, **Les Chansons et Pasquilles Lilloises** seront des esquisses de mœurs locales, exemptes de toute allusion personnelle ; mais ce nouveau mode de publication, qui permet de les offrir dans leur nouveauté, donnera plus d'intérêt à celles qui auront un caractère d'actualité.

Les livraisons paraîtront à des époques indéterminées.

Les titres, tables et couvertures pour réunir les livraisons en volumes, seront donnés en supplément à MM. les souscripteurs.

En souscrivant chez M. LEFEBVRE-DUCROCQ, pour les 20 livraisons dont se composera ce volume, et qui seront remises aux domiciles des souscripteurs au fur et à mesure qu'elles paraîtront, prix : **2 francs.**

EN VENTE CHEZ LES LIBRAIRES DE CETTE VILLE.

Le 1.er volume, complet . . . . 2 fr.
Notice sur le patois de Lille et vocabulaire . . 25 c.
Airs des chansons . . . . 50 c.

Imp. de Lefebvre-Ducrocq.

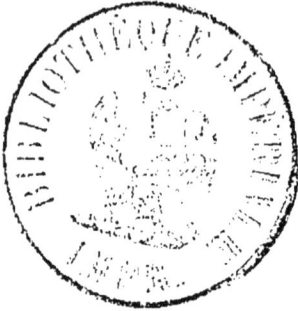

LE JOUR DE L'AN.

Air du Vaudeville du Sorcier.

N.º 1.

Puisque vous m' donnez la parole
Pour roucouler un p'tit couplet,
Sur eun' fiêt' qui m' paraît fort drôle,
J'vas vous déblouquer min cap'let.
Et si cheull canchon peut vous plaire,
J'in sus sûr, chacun d' vous rira
      Et dira :
      « Ah! qu' ch'est cha!
      Ch' cadet là
N'est point si sot qu'i veut bien l' faire,
On peut dir' qu'i connot l' trantran
      Du jour de l'an. » (*4 fois*).

1

On est incor à l' Saint-Sylveste,
Déjà tout l' monde est sans sus d'sous :
Un homm' s'in va dégager s' veste,
L'aut' vind l' sienn' pour avoir queq's sous...
On vot les femm's les moins propettes,
Ouvrer d'action pour nettoyer,

      Répourer,

      Récurer,

      Et laver

L' cuive et l'étain, l' poêle et l's assiettes,
Meubles, planquer, tout l' bataclan !...

      V'là l' jour de l'an !

Avant que l' diable euch' mis ses bottes,
Tous les gins saut'nt in bas d' leus lits ;
Les femm's fris'tent leus papillottes ;
Les homme' indoss'tent leus habits ;
Et, tout fiers de leus biell's toilettes,
I march'tent tout in se r'vettiant,

      S' pourmirant,

      S'admirant,

      Comme un paon...

In général, i s' tienn' si raites,
Qu'on les croirot mi' au carcan.....

      V'là l'jour de l'an !

Alors, chacun fait ses visites
A ses amis, à ses parints ;
Ch'est là qu'on vot des hypocrites ,
Tourner les pus biaux compliminls.
Pour débiter leus biell's paroles ,
I prinn'nt un p'tit air de bonté :

   « Bonne ainné,

   Bonne santé

   Et gaîté !... »

Quand il' ont dit ches fariboles,
I les quitt'nt in les crétiquant...

   V'là l' jour de l'an !

Pour les gins qui sont dins l' misère
Arrive un aut' désagrémint :
Chaque infant, l' velle, a r'chu de s' mère
Eun' leçon pou d'mander d' l' argint.
I s'y prind quasimint d' cheull sorte :
« Mettez vos mains dins vos saclets ,

   Vous verrez

   Chin qu' vous allez

   M' donner !... »

Et si l' somm' n'est poin' assez forte
L' moutard s'in va tout in brayant !...

   V'là l' jour de l'an !

Moins d' vérités que d' mintiries,
Gramint d' promesse' et peu d'effets;
Des sott's caress's, des plat's flatt'ries,
Un dard muché dins les souhaits.
Méfiez-vous , gins trop crédules,
D' raconter les s'crets d' vot mason ,
     Queq' luron
     Au jargon
     For' in r'nom,
Y trouv'ra bien des ridicules
Pour amuser l' dernier passant...
     V'là l' jour de l'an !

Infin v'là comm' finit cheull fiête :
A forch' de parler, d'avaler
De l' bièr', du schnick et d' l'anisette ,
Les pus crain's finitt'nt pa s' soûler.
Alors on n' vot pus qu' des disputes ;
A chaq' coin d' rue des batillards ,
     Des braillards,
     Des soûlards,
     Des gueusards,
Qui se r'pouss'nt et faitt'nt des culbutes...
La garde met fin à ch' boucan.
     V'là l' jour de l'an !

LA NOUVELLE-AVENTURE.

Air nouveau de M. Ch. CHOULET (de Douai).

N.o 2.

D'puis bien longtemp', on fait courir
Un bruit qui met martiel in tiête,
I paraît qu'on veut démolir
L'*Avintur'*, cheull fameuss' guinguette !....
Pour éviter ch' malheur, dit-on,
Au nom d' nos joyeuss's ouvérières,
On va chez les propriétair es
Porter ch'l espèce d' pétition :

« Laichez-nous l' *Nouvielle-Avinture*,
« U bien, nous languirons, j' vous l' jure,
« Dins les tourmints, dins les douleurs,
« Comme un papillon privé d' fleurs. »

1*

« Avant d'abatte ch' monumint
Que d' lon et d' près tout l' monde admire ,
Acoutez, Messieur', un moumint,
Les queq's parol's que j'in viens dire :
Il a procuré pus d' plaisis,
D'heur's de bonheur et d'espérance ,
Que tous les biaux palais d' la France
N'ont fourni d' chagrin' et d'innuis. »

« Laichez-nous l' *Nouvielle-Avinture,*
« U bien, nous languirons, j' vous l' jure,
« Dins les tourmints, dins les douleurs,
« Comme un papillon privé d' fleurs. »

« Nos pèr's, nos mère' et nos taïons (1)
Ont, comm' nous, dins les jours de fiêtes,
Dansé là bien des rigodons
A l'ombre de ches biell's gloriettes ;
Ch'est là qu'il' ont connu l'amour,
In s' juran' amitié, constance ;
Et pus d'un d' nous dot l'existence
A l'existenc' de ch' biau séjour... »

« Laichez-nous l' *Nouvielle-Avinture,*
« U bien, nous languirons, j' vous l' jure,

---

(1) Aïeux.

LE JOUR DE L'AN.

N°.1

Puisque vous m'donnez la pa-ro-le, Pour raconter un p'tit con-

plet, sur eun'fiet' qui m'pa-rait fort drô-le. J'm'in vas d'blouquer min cap-

let. Et si ch'ull'canchon peut vous plai-re, J'in sus sûr, chacun d'vous ri-

ra. Et di-ra: Ah! qu'ichéstcha ch'cadet là, N'est point si sot qu'i veut bien

l'faire, On peut dir'qu'i connot l'tran-tran, Du jour de l'an, Du jour de

l'an, Du jour de l'an, Du jour de l'an.

LA NOUVELLE AVENTURE.

N°.2

D'puis bien long-temp', on fait cou-rir Un bruit qui met m'in tiel in-

tic-te, I pa-rait qu'on veut dé-mo-lir L'A-vin-tur'cheull fa-meuss'guin-

guette!.. Pour é-vi-ter ch'malheur dit-on, Au nom d'nos joyeuss's

ou-vé-riè-res, On va chez les pro-pri-é-taires porter ch'l'es-pè-ce d'pé-ti-tion : Laichez nous!Nou-vielle A-vin-ture, U

bien nous langui-rons, Nous langui-rons j'vous l'ju-re, Dins les tour-

mints, dins les dou-leurs, Comme un pa-pil—lon pri-vé d'fleurs.

L'GARCHON D'HOPITA.

N° 3

Heu-reux ch'ti qui d'eun' bonn' mè-re Peut boi-

re l'lait du bon-heur, Mais d'êt' pri-vé d'y fair'

che're. J'cros qu'i n'y a point d'dés-hon-neur. Pauvre infant d'eun' mèr' ma-

ra-te, Je n'dos point rougir pour cha; Bien du contrair', mi je

m'flatte D'ète un garchon d'hopi—ta, d'ète un garchon d'ho-pi—ta!

« Dins les tourmints, dins les douleurs,
« Comme un papillon privé d' fleurs. »

« Si ches abres, si ches bosquets,
Trouvott'nt un langach' pour vous dire
Tous les s'crets qu'on leu-z-a confiés,
Ah! vous n' vodrit's pus les détruire....
Pour nous, qui fort souvint allons
A leus pieds danser, rire et boire,
Nous d'vinons bien cheull longue histoire
Par l'abrégé qu' nous connaîchons. »

« Laichez-nous l' *Nouvielle-Avinture*,
« U bien, nous languirons, j' vous l' jure,
« Dins les tourmints, dins les douleurs,
« Comme un papillon privé d' fleurs. »

« Si vous ne r'tirez point ch' projet,
On peut dire adieu pour la vie,
A l' *Sainte-Anne,* à l' fiêt' du *Broqu'let,*
Qui, déjà sont à l'agonie;
Vous povez les ravigoter,
In faijant savoir dins l' gazette,
Qu'au lieu d' démolir cheull guinguette,
On s'apprête à l' rafistoler. »

« Laichez-nous l' *Nouvielle-Avinture*,

« U bien, nous languirons, j' vous l' jure,

« Dins les tourmints, dins les douleurs.

« Comme un papillon privé d' fleurs. »

L' GARCHON D'HOPITA.

Air dans la Paix et dans l'Innocence.

N.º 3.

Heureux ch'ti qui d'eun' bonn' mère,
Peut boire l' lait du bonheur.
Mais d'êt' privé d'y fair' chère,
J' cros qu'i n'y-a point d' déshonneur...
Pauvre infant d'eun' mèr' marate,
Je n' dos point rougir pour cha ;
Bien du contrair', mi je m' flatte
D'ête un garchon d'hôpita.

Quand sur les bancs d'eune école
J'usos mes fonds d' patalon,
J'attrapos pus d'eun' tarniolle,
Pour n'avoir point su m' leçon...
Mais comme j' canjos d'allure,
Au moumint d' minger l' rata...
J'étos l'pus savant, j' vous l' jure,
D' tous les garchons d'hôpita.

In n' me norichant point d' scieince,
J' v'nos fort, grand, d' jour in jour;
On m'a trouvé, sans qu' j'y pinse,
Biau comme un infant d' l' amour.
Aussi Marie, Ros', Prudence,
Lisette, Antoinette, Clara...
Garderont longtemps l' souvenance,
Du biau garchon d'hôpita.

Pour servir le p'tit roi d' Rome,
On a d'mandé des soldats
Petits d' tall', mais grands tout comme
Des géants, dins les combats.
S'i s'agit d' donner des pilles
A des enn'mis, j' dis : me v'là !...
J'ai servi dins les pupilles,
In vrai garchon d'hôpita.

On l' sait, pour bien fair' la guerre,
I faut du cœur et d' l'action.
Pour mi, dès l' première affaire,
J' batillos comme un démon.
Jugez si j'ai eu de l' chance :
L'étoil' qu'on vot briller là,
A récompinsé l' vaillance
Du p'tit garchon d'hôpita.

Hélas ! un jour, la victoire
A r'fusé ses biaux lauriers,
A les Français, griblés d' gloire;
Au pus grand d' tous les guerriers ...
De ch' jour de deul et d'alarmes,
Min cœur toudis s' souviendra...
Il a fait couler les larmes
Du p'tit garchon d'hôpita.

Mais ch'est trop parler d'tristesse,
A Lille, j'ai r'trouvé l' bonheur :
Ros' m'avot gardé s' tendresse,
Elle a su r'séduir' min cœur.
Nous avons vingt ans d' mariache,
Et, personne n' le croira,
N'y-a jamais d' broull' dins l' ménache
Du vieux garchon d'hôpita.

Si l'un d' vous veut m' faire visite,
I s'ra bien r'chu sans façon :
Ros' mettra sus l' fu s'marmite,
Pour cuire eun' tiêt' de mouton ;
A m'n habitud' s'i s' conforme,
Sus l' temps que l' café boura,
I verra l' crox, l'uniforme
Du p'tit garchon d'hôpita.

LA CURIOSITÉ

ou

LES CÉLÉBRITÉS LILLOISES (1).

Air : A la foire à Saint-Cloud.

N.º 4.

Rien n' me fait pus bisquer,
Qu' d' intind' crétiquer,
Des Lillos, l' bonn' ville,
Par un tas d' voyageux,
Qui ditt'nt, ches minteux,
Qu'elle n'a rien d' curieux.

(1). Les personnes qui désireront chanter cette chanson en société, trouveront chez M. Lefebvre-Ducrocq, une curiosité (petit théâtre) dans laquelle on voit les tableaux et portraits qui ont rapport à chaque couplet, et qui pourra leur être prêtée gratuitement.

Aussi, j'ai invinté,
Cheull curiosité,
Qui f'ra vir qu'à Lille,
I n'y-a des drôl's de corps,
Au moin' aussi forts,
Que cheuss' du déhors.

Vettiez, v'là les-z-*Hurlus*,
Honteu' et réhus,
Qu' *Jeann'-Maillotte* éreinte;
On vot tous ches lurons,
D'vant ses cotillons,
Tourner les talons ;
Les femm's de not pays,
Dins l's yeux d' ches bindits,
Jett'nt des poignies d' chintes!....
Les Lilloiss's de nos jours,
Douch's comm' des amours,
N' faitt'nt pus d'parels tours.

V'là *l' femm' de Brul'-Mason*,
Qui sert du gambon
A s'n homm', sans moutarde;
Car, à chin qu'elle dijot,
Nul graissier n'n avot
L' grosseur d'un p'tit dogt.

Brul'-Mason n' crot point cha,
I li dit : « Va, va,
« T' n'es qu'eun' grand' lozarde! »
Et, sans fair' pus d' façon,
I s'in va tout d' bon
In quère à Dijon.

Ichi ch'est *Grand-Queva*,
Vieux soldat malva;
Vettiez ch' pauf' Lazare,
Raclant sus sin violon,
L'air d'un rigodon,
Tros quarts d' heur' de lon!...
Au dir' des connaîcheux,
Chin qu'i juot l' mieux,
Ch' est l' *March' des Tartares*,
Et, pou juer cha, *Konski*,
Artaud, Bazzini,
N' sont rien tout près d' li.

Vettiez l' vieux pèr' *Bolis*,
Arrachant gratis,
Un restant d' machoire...
Sin *sinche* est tout près d' li,
Qui donn' du plaisi,
Et gratis aussi...

Ch'l arracheux d' dints r'nommé,
Quand il a gangné,
D' quoi minger, d' quoi boire,
I n' pins' point si l' lind'main
Il ara du pain,
Ch'est dign' d'un Romain!!

Ichi, ch'est *P'tit-Françios*,
Qui nous amusot
Avé s'n air cocasse,
Et qui dijot s' canchon,
D'li deli de lon,
Imitant l' violon;
Quand il avot posé
Sus sin front, plissé
Comm' eun' viell' payasse,
Eun' gauff', qui, tout douch'mint,
Allot sus ses dints,
S' faire croquer brav'mint.

V'là l' caf' des *Quat'-Martiaux*,
Fabriq' de gatiaux
Qu'on appell' couq'-baques!
Ch'est là qu' sans se ruiner,
Mieux qu' chez l' pâtissier,
On peut s' régaler;

On sint sin cœur craquer,
Quand on vot griller
L'démélach' sus l' plaque...
Mi, rien qu'in passant d'vant,
J' m'in vas tout r'nifflant,
Et tout m' pourléquant!!

Mais t'nez l' pus biau des biaux,
Ch'est ch' marchand d'ojeaux
Du nom d' *Quartelette !*
Eun' canchon nous apprind,
Que ch'· drôl' de chrétien,
Aimot l'amus'mint ;
Qu'à forch' de s' divertir,
I s'a fait morir
A boire enn' canette.....
Mais l' canchon n' nous dit point,
Si ch'est d' bière ou d' vin,
De schnick ou d' brandvin.

Mais j' oblios l'*Homm'-Bleu !*
A Moûcron, ch' Monsieu,
Va pour eune affaire,
Un gendarme butor,
In criant bien fort,
Li d'mand' sin pass'-port...

2*

L' Homm'-Bleu, quoiqu' homm' d'esprit,
Aussitôt rougit
Et vient *bleu* d' colère,
Au gendarme dijant :
Je ne suis pourtant
Ni rouge ni blanc!!

Tout finit par lasser,
J' m' in vas donc cesser
Cheull revue d' famille;
J'espèr' que vous trouv'rez,
Qu'in célébrités,
Nous somm's bien montés...
Eune aut' fos j' vous f'rai vir,
Pour vous divertir,
Les monumints d' Lille;
Vous arez tant d' plaisi,
Qu' vous m' direz : merci!
Tout comme aujourd'hui.

LA NOUVELLE-AVENTURE.

Air nouveau de M. Ch. CHOULET (de Douai),

N.º 5.

D'puis bien longtemp', on fait courir
Un bruit qui met martiel in tiête,
I paraît qu'on veut démolir
L'*Avintur*', cheull fameuss' guinguette!....
Pour éviter ch' malheur, dit-on,
Au nom d' nos joyeuss's ouvérières,
On va chez les propriétaires
Porter ch'l espèce d' pétition :

« Laichez-nous l'*Nouvielle-Avinture*,
« U bien, nous languirons, j' vous l' jure,
« Dins les tourmints, dins les douleurs,
« Comme un papillon privé d' fleurs. »

« Avant d'abatte ch' monumint
Que d' lon et d' près tout l' monde admire,
Acoutez, Messieur', un moumint,
Les queq's parol's que j'in viens dire :
Il a procuré pus d' plaisis,
D'heur's de bonheur et d'espérance,
Que tous les biaux palais d' la France
N'ont fourni d' chagrin' et d'innuis. »

« Laichez-nous l' *Nouvielle-Avinture*,
« U bien nous languirons, j' vous l' jure,
« Dins les tourmints, dins les douleurs,
« Comme un papillon privé d' fleurs. »

« Nos pèr's, nos mère' et nos taïons (1)
Ont, comm' nous, dins les jours de fiêtes,
Dansé là bien des rigodons
A l'ombre de ches biell's gloriettes ;
Ch'est là qu'il' ont connu l'amour,
In s' juran' amitié, constance ;
Et pus d'un d' nous dot l'existence
A l'existenc' de ch' biau séjour... »

« Laichez-nous l' *Nouvielle-Avinture*,
« U bien nous languirons, j' vous l' jure,
« Dins les tourmints, dins les douleurs,
« Comme un papillon privé d' fleurs. »

(1) Aïeux.

« Si ches abres, si ches bosquets,
Trouvott'nt un langach' pour vous dire
Tous les s'crets qu'on leu-z-a confiés,
Ah! vous n' vodrit's pus les détruire....
Pour nous, qui fort souvint allons
A leus pieds danser, rire et boire,
Nous d'vinons bien cheull longue histoire
Par l'abrégé qu' nous connaîchons. »

« Laichez-nous l' *Nouvielle-Avinture,*
« U bien nous languirons, j' vous l' jure,
« Dins les tourmints, dins les douleurs,
« Comme un papillon privé d' fleurs. »

« Si vous ne r'tirez point ch' projet,
On peut dire adieu pour la vie,
A l' *Sainte-Anne,* à l' fiêt' du *Broqu'let,*
Qui, déjà sont à l'agonie ;
Vous povez les ravigoter,
In faijant savoir dins l' gazette,
Qu'au lieu d' démolir cheull guinguette,
On s'apprête à l' rafistoler. »

« Laichez-nous l' *Nouvielle-Avinture,*
« U bien, nous languirons, j' vous l' jure,
« Dins les tourmints, dins les douleurs,
« Comme un papillon privé d' fleurs. »

L' FILLE A GROS-PHILIPPE.

Air de la Fille à Jérôme.

N.º 6.

Cré mill' noms d'eun' pipe,
Amis, j' vous l' dis,
L' fille à Gros-Philippe (*bis*),
Cré mill' noms d'eun' pipe,
Amis, j' vous l' dis,
L' fille à Gros-Philippe,
J' l'haïs, j' l'haïs.

D'puis l' temps que j' connos cheull faijeuss' de tulle,
J'ai perdu l'esprit, je n' sais pus minger,

Min corp' est réglé comme eun' viell' pindule
Qui va tous les mos dins l' main d' l'horloger.
        Cré mill', etc.

Cha n' m'étonn'rot point qu' cheull fill' sot sorcière,
Elle a, par un r'gard, su m'insorceler.
Mi qu' j'étos r'nommé pour boire gramint d' bière,
Quand j' lamp' six canett's, je n' peux pu me broutter...
        Cré mill', etc.

On n' me f'ra point croir' pourtant qu'elle est bielle,
Elle a des yeux bleus, des ch'veux comm' du jais,
Des dints comm' des perle' eun' tall' d'hirondielle,
Des mains fort petite' et presque point d' pied !...
        Cré mill', etc.

J' sais bien qu'on m'dira qu'elle est fort gracieusse,
Mais mi j' répondrai : « Cha dépind des goûts.
Parc' qu'ell' sait polker, qu'elle est bonn' valseusse,
N' faut-i point pour cha se jeter à ses g'noux ? »
        Cré mill', etc.

Elle est ambitieusse, e' n' pins' qu'à s' toilette,
Ell' porte l' dimanche eun' pair' de gants blancs,
Un écourcheu d' soie, eun' baie d' cotonnette,
Des sorlets chirés, mêm' les jour' ouvrants.
        Çré mill', etc.

Eun' fos j'ai volu m'in aller li dire :
« Allez, j' vous déteste comme l' démon !
Mais cheull vrai diablesse a, par un sourire,
Cloé vite m' langue au fond de s' mason.

Cré mill', etc.

Infin l'auter jour, i m'a pris l'invie
D'aller consulter un savant méd'cin.
I m'a dit : Garchon, j'cros que t' maladie
Ch'est pur'mint d' l'amour.... In v'là un malin !!....

Cré mill' noms d'eun' pipe,

Amis, j' vous l' dis,

L' fille à Gros-Philippe (*bis*),

Cré mill' noms d'eun' pipe,

Amis, j' vous l' dis,

L' fille à Gros-Philippe,

J' l'haïs, j' l'haïs !

L' GARCHON GIROTTE

À LA SOIRÉE DE M. DE LINSKI.

Air : Ah! dis-moi, mon frère Jean-Pierre.

N.º 7.

L' Garchon Girotte, grand amateur de spectacles en tous genres, possède une tendre épouse qui lui fait la guerre chaque fois qu'il se permet de satisfaire son penchant sans elle. Comme il vient d'assister à la séance prodigieuse du sieur DE LINSKI et qu'il veut parer les *coups de bonniquet* que sa chère moitié lui réserve, il l'affronte en criant à tue-tête :

> Ah! mon Dieu! qu' j'ai ri
> P'tite Harmance,
> A l' séance
> D' monsieur LINSKI!

Allons cesse t'n in colère
Et tes grimaces d' vieux soldat,
J' vas te conter m'n affaire, et j'espère
Qu'i n'y-a point d'quoi fouetter un cat :

Tantôt, j' pass' dins l' rue d'Ecrémoisse,
Un homm' couvert d'un choite habit,
L' col plein d'impoisse,
S'arrêt', me r'toisse,
Infin, i m' dit :

*Dites doncq, l'ami! voulez-vous délivrer des conter-marques
à la séance de M'sieu Linski père et fils? n'y a quinz' sous à
gagner-z-et une canette à boire.*— Tope! que j' dis, j' vas passer
eun' soirée chicarde et impocher d' quoi payer des couq'-baques à
m' femme pour l'impêcher d' crier. Queull chance!!

Ah! mon Dieu! qu' j'ai ri
P'tite Harmance,
A l' séance
D' monsieur Linski!

Quand tout l' monde a eu rimpli l' salle,
Je m' dis : V'là l' moumint d' m'amuser.
Sur eun' banquett' bourrée j' m'installe.
L'escamoteux qu'minch' sin métier....
I d'mande l' capiau d'un jeune homme,
Qui l' donn' sans faire ni eun', ni deux.
I l' pétrit comme
Un morciau d' gomme,
Et dit : « Monsieur

*Voutt' feute il est bien lourd pour un chapeau d' soie....
qu'es-ce que j' vois!... quecument M'sieu, vous allez en soirée-z-
avec des boulets d'48 sur la boule!... vouliez-vous doncq assié-*

ger mon théâte?... in dijant cha, i fait sortir du çapiau eun' demi-
douzaine de boulets d' gros calibre, comm' cheuss' que les Autrichiens
nous ont laichés pour nous souv'nir du bombardemint d' Lille!...

> Ah! mon Dieu! qu' j'ai ri
> P'tite Harmance,
> A l' séance
> D' monsieu LINSKI !

> I continue ses tours d'adresse,
> Intre autes l'FOULARD PRODUCTEUR.....
> De s' main griss', v'là qu'eun' viell' ménesse
> Li donne un foulard de couleur.....
> In débitant des gross's malices,
> Ouvre ch' moucho dins tous les sins,
> Point d'artifices,
> Si ch' n'est qu' des prisses
> I n'y-a rien d'dins.....

On crot cha du moins, mai' au mêm' moumint on in vot sortir un
pleumet .. ch'est drôle, i n'in fait v'nir deux autes..... on applaudit
comm' te l' pinses bien, alors i les fait v'nir par douzaine... on n' les
compte pus..... mais mi, je m' dijo' in mi-même : « Si j' povos les
porter à m' femme, elle me f'ro' un fameux lit d' pleume pour nous
dormir douillett'mint.... » J'ai poin' eu cheull chance, mais ch'est
égal. ..

> Ah ! mon Dieu ! qu' j'ai ri
> P'tite Harmance,
> A l' séance
> D' monsieu LINSKI !

Tout d'un cop, on vot sus l' théàle ,

In s' dandinant , monter *l'Homme-Bleu*.

Dins tout l' salle un seul cri éclate :

« Ch'est li ! ch'est bien li , satibleu !!... »

Au public i fait s' révérance

Et vient rouch' comme eun' tiêt' d'homard

       I dit : Silence !...

       Lit, sans méfiance ,

       Un babillard......

Alors i tousse , ressue sin front avec sin moucho bleu et dit chés paroles :

   « Vous voyez l'Homme-Bleu dans toute sa splendeur,
Cet homme que ce soir, (soit dit sans gasconnade),
      Le plus habile escamoteur
Doit faire disparaître ainsi qu'une muscade.
De plus, ses vêtements changeront de couleur !....
Vraiment, Messieurs, j'admire avec bonheur
L'intérêt , qu'en ces lieux , inspire ma présence.
      Ah ! de cette insigne faveur
Je garderai toujours la douce souvenance. »

Hein ! comme ch'est tapé, *Brûl'-Mason* et *Jolibois* (1) n'ont jamais rien fait d' parel !....

       Ah ! mon Dieu ! qu' j'ai ri

       P'tite Harmance ,

       A l' séance

       D' monsieu LINSKI.

(1) Ancien auteur et marchand de chansons; M. Gentil-Descamps en possède une signée de lui.

Ch'est l' *tour* de monsieu LINSKI père ,

I jue à carte' et tout le mond' perd ;

I nous fait vir eun' tabatière

Qui vient de l' mèr' du P'TIT-ALBERT;

I moute eun' BOUTELLE INFERNALE ,

Plein' d'iau, d' chuc d' baptême et d' bon vin,

      I n'in régale

      Un garchonnale ,

      Et n' m'in donn' point.....

Cha m' fait bisquer, mais j' li rinds tout m'n estime in li veyan faire l' tour de l' POULE DE PADOUE....Tiens, v'là chin qu' ch'est : Il a un sa grand comme la mitan de t'n écourcheu. On met s' main d'dins, on n' trouve rien... «*Eh ben* ! qu'i dit, *j'vas vous donner la manière d'y trouver queq' choss'..... Tenez, Mad'moiselle, mettez voutt' main dans l'sac et dites :* Coco !..... » Coco , dit cheull Mamzelle.... elle trouve un œué d'Pâques !... tout l'monde crie mirac et mettant s' main dins l' sa, rapporte des *cocodaques....* Ah ! mais ch' tour là , min comarate, te n' l'import'ras poin' in paradis sans m' l'avoir appris, et quand j' sarai tin s'cret, j'irai m'établir au marqué d' *Louche* pour faire concurrence à tous les marchands d'œués du villache. Queull chance !!...

      Ah ! mon Dieu ! qu' j'ai ri

        P'tite Harmance ,

        A l' séance

      D' monsieu LINSKI !

Tout chin que j' croyo' impossible ,

J' l'ai vu là tou' allant, tout v'nant.

Après L' VOL INCOMPRÉHINSIBLE ,

Il a fait L' PATISSIER GALAND.

Fort galant, te l' diras ti-même :

I donn' des gatiau' et des fleurs.

I sait qu'eun' femme,

Aime à l'estrème,

Les p'tit's doucheurs.....

I nous a donné des cricris, des turlututus et des trompettes de ducasse, chin qu'i fait qu' quand l'*Homm'-Bleu* est arrivé pour nous lire sin testamint, nous li avons jué eun' fameusse aubate. Il a eu l'air fort satisfait, nous a r'merciés du geste et a qu'minché s' lecture :

« Mesdames et Messieurs,

« En acceptant la proposition du célèbre prestidigitateur De Linski, j'ai eu deux idées : la première, me suis-je dit, rentre dans mon plan philantropique. Il est certain que la caisse de M. De Linski ne s'en portera pas plus mal....... Vous m'avez compris ? Passons à la seconde idée :

« J'ai saisi cette belle et solennelle occasion, pour vous dire de vive voix deux mots publiquement d'une petite partie de mes dispositions testamentaires. Les voici officiellement :

« Après mon d. c. les docteurs Lesty, Boudois et confrères; seront chargés de m'embaumer, système Gannal et mieux s'il est possible; mais il y a encore un certain laps de temps pour cela; combien ? 28 ans.

« J'ai 72 ans, 6 mois, et 28 font bien 100 ans tout juste.

« J'ai un avantage sur bien des personnes. Un de mes amis, Schah, ou roi-président du royaume de Perse, à qui j'ai rendu un grand service, m'a fait demander ce que je désirais pour mon *remerciement;* m'a pensée m'a conduit à le prier de m'assurer la vie pour 28 ans, afin d'en avoir cent révolus. Comment cela se fera-t-il ? vous le saurez tout-à-l'heure.... Etant arrivé à mon terme, j'espère obtenir la bagatelle de 4 0/0; mais avant d'avoir atteint cet intérêt bien entendu, je fais venir mon ami Hurtrel, et je lui dis : « Allons, mon cher, refais mon portrait pour la quatrième fois! » Voilà ce que vous verrez après mon d. c.; c'est-à-dire, quand je serai mort, ou, comme disent les poètes. *quand je ne serai plus.* — In intindant cheull faribole, tout *l' monde rit à s' tenir les côtes.* — Silence ! dit l'*Homme-Bleu,* i continue :

« Je suis donc d. c. d., complètement embaumé à l'extraordinaire dans une bière à roulettes, car il est bon de vous dire que je veux rouler ma bosse dans l'autre monde aussi bien que dans celui-ci. Nous arrivons à l'hôtel des Bleuets, là mes respectables exécuteurs testamentaires auront fait préparer une niche ou chapelle.... Non, décidément j'aime mieux une niche ornée de bleu, ça me convient mieux. — (Une voix) : *Eh ben! nous, nous n' les aimons point les niches! et vous volez nous in juer eune.* — (Autre voix) : *Allons! qu'on l' l'escamote bien vite et qu' cha soich' fini!...* L'*Homme-Bleu* les r'vête d'un air de mépris et continue, mais si bas, si bas, qu'excepté mi, personne n' l'a intindu :

« Aussitôt que je serai dans ma niche, les journaux sonneront de la trompette pour annoncer leur jugement dernier sur mon compte. Ils diront : « Venez, petits et grands ! venez voir pour la simple bagatelle de 25 centimes, au profit des Bleuets présents et à venir, l'*Homme-Bleu* embaumé, calme et inodore, » car s'il en était autrement, mes embaumeurs ayant fourni de la mauvaise marchandise ne recevraient pas un sou et mes amis leur diraient en face :

« Les docteurs ne sont pas ce qu'un vain peuple pense,
« Notre crédulité fait toute leur science!... »

« Je n'irai pas plus loin en ce moment, mon testament imprimé vous apprendra ce qu'il me reste à dire sur ce triste sujet; mais avant de me retirer je tiens à vous confier un secret que je vous prie de dévoiler le plus tôt et le plus souvent possible. Le voici : Tout le monde me croit totalement marchand de bleu d'outre-mer.... Erreur, Mesdames et Messieurs, je suis en même temps possesseur d'une eau de *longue-vie*, inventée par un de mes camarades de collége, l'illustrissime Cagliostro ! Finalement, les personnes ici présentes, qui veulent me faire l'amitié de vivre assez longtemps pour me voir exposé la face au soleil, recevront *gratis* en mon domicile, connu, un flacon de cette eau merveilleuse, brevetée, sans garantie du gouvernement.

Ah ! mon Dieu ! qu' j'ai ri

P'tite Harmance,

A l' séance

D' monsieu LINSKI!

Malgré qu' cheull lecture, i faut l' dire,
Etot gaie comm' un intièr'mint,

Nous avons tertous pouffé d' rire,

Ch'est l' sort de pus d'un testamint....

Infin l'*Homm'-Bleu*, l'incomparable,

D'avoir fini, fort satisfait,

    D'un air aimable

    Mont' sur eun' table,

    Et disparaît!....

Malgré les cris : L'*Homm'-Bleu!* l'*Homm'-Bleu!* on n' l'a pus r'vu !
Alors les riaches ont cessé, car on l'l'aime bien, dà, ch' vieux brave
homm', on s' demandot, si, par malheur, Linski n' l'avot point pour
tout d' bon invoyé dins l' barque à Caron ; mais mi, comme j' faijos
partie de l' boutique, j'ai monté sus l' théâte uche que j' l'ai vu rire
comm' un bochu de s' dröl' de parate ; cha m'a r'mis min cœur à
s' plache et j'ai raccouru tout min pus vite, pou t' raconter min plaisi :

    Ah! mon Dieu! qu' j'ai ri

      P'tit' Harmance,

      A l'séance

      D' monsieu LINSKI !

FIN.

*Ayant vu cette chanson, assez drôlette du reste, et
faite évidemment dans le but de me plaire ou de m'être
agréable, totalement pour me faire plaisir, j'ai cru devoir
l'honorer de mon sceau.*

J.ᵇ CASTEL.

L'Homme-Bleu.

*A propos, j'offre 25,000 fr. à celui qui prouvera que
mon eau-de-vie de Cagliostro ne fait pas croître et
embellir la vie.... Vous m'avez compris? suffit.*

J.ᵇ CASTEL,

L'Homme-Bleu.

L' MOLIN DUHAMEL.

Air : Du port Mahon.

N.º 8.

Amis ! volez-vous m' croire,
In attindant qu'on apporte à boire,
J' vas vous conter l'histoire
Du molin Duhamel
Et d' sin vieux parapel.
Eun' nuit, v'là que l' tocsin
Nous apprind que ch' molin
Comme un vrai sauret grille . . . .
Pour porter s'cours, on s' lève, on s'habille;
Hélas ! bétôt dins Lille
On n'intind pus qu'un cri :
« Il est cuit et rousti ! »

Autour de ch' grand mont d' chintes,
Les grands, l's infans poussottent des plaintes;
Au bout d' tous leus complaintes
I répétott'nt in chœur :
« Queu malheur ! queu malhenr ! ! . . . »
Et chacun d' ches soupirs,
Rappélot des souv'nirs . . . .
Biaux souv'nirs de jeunesse,
Qu'avec plaisi on vant' dins l' vieillesse. . . .
Ches histoir's de tendresse
Quand vous les intindrez
Vous rirez, vous rirez.

D'abord, eun' pauver vielle
Nous dit : « M's infants, ch' pauf' molin m' rappelle
Qu'un jour, eun' sentinelle,
Tout in faijant s' faction
M'a fait s' déclaration.
J'étos fièr', mais ch' vainqueur
A rassoupli min cœur
Comme eun' viell' pair' de guêtes . . . .
In cantinièr', au son des trompettes,
Partageant ses conquêtes,
J' l'ai sui jusqu'à Moscou,
Uch' qu'on li-a cassé l' cou.

Dins l' temps, dit l' pèr' Laplante,
Dins ch' vieux molin, n'-y-avot cun' servante
Fort bielle et bien av'nante,
Je n' povos point m' lasser,
De l' vettier, de l' vettier ;
Par eun' fos ch' biau tendron
Vient m' demander l' raison
Qui fait qu' toudis j' le r'vette . . . .
J' pins' de l' flatter, j' li dis : « Biell' Zabette,
J' vous aim' tant qu' j'in d'viens biête . . . . »
Ell' me répond : « Bénet,
Ch'est d'jà fait, ch'est d'jà fait. »

Sans trop m' mette in colère,
Zabett', que j' dis, vous êt's donc bien fière,
J' fros pourtant vot-n-affaire,
Un ouvérier filtier
Ch'est point du p'tit papier.
Veux-tu t' tair', qu'ell' me dit,
Pour prinde un homm' comm' ti
Faudrot qui n'n euch' pus d's autes.
T'as l' nez camard, des yeux comm' des plautes,
Faut' de boutons d' capotes,
Tes dints parott'nt servir ,
Sans mintir , sans mintir.

D' vir qu'ell' me dévisache
Je n' me tiens pus, et j' li dis dins m' rache :
  « Va, va t'es-t-eun' ganache ! . . . »
  Ell' crie : « A l'assazin ,
  Au voleur, au coquin !! . . »
  Un homm' sort' du molin ,
  T'nant dins s' main un gourdin
  Et un boul'-dogue à s' suite ;
V'là l' quien , Zabette et ch'l homme à m' poursuite ;
  Heureus'mint, j' couros vite,
  Et j'ai r'gagné m' mason,
  Courant comme un dragon !

  Infin, ch'est triste à dire,
Mais ches histoire' ont fait brair' de rire,
  Cheuss' qui v'nott'nt de prédire
  Que de l' pert' de ch' molin
  Tout Lille' s'rot dins l' chagrin.
  Hélas ! ch'est bien là l' sort
  Qu'on réserve à chaq' mort :
  Vous verrez pus d'eun' femme ,
Qui, perdant s'n homm', dira : j' veux mi-même
  Morir, tell'mint que j' l' aime.....
  Et puis, l' semain' d'après.
  Ell' vodra se r'marier.

HISTOIRE AMOUREUSE & GUERRIÈRE

D'UN TAMBOUR.

Air de la Dragonne de Friedland (E. Debráux).

Un jour, lassé d' fair' des babennes
Et désirant vir du pays,
A min père j' racont' mes peines.
I m' dit : « Garchon ! j' sus de t'n avis.
Pour passer joyeus'mint t' jeunesse,
Tiens, j' m'in vas t' donner un bon plan :
    Plan ran plan, plan ran plan ;
Va fair' la guerre avec eun' caisse,
Plan ran tan plan, tambour battant ! »

L' lind'main j' m'ingach', mais m' biell' maîtresse
Veut m' fair' canger d' résolution.
J' li dis : « Fill' ! tes marques d' tendresse
M' faitt'nt l'effet d'une vrai' p'lur' d'angnon !...

4

Il est trop tard, mais prinds côrache,
Un jour je r'viendrai triomphant,
 Plan ran plan, plan ran plan;
A t' mèr' te demander in mariache,
Plan ran tan plan, tambour battant! »

Sermint d'amour, ch'est eun' bêtisse!
Et surtout dins l' métier d' soldat:
J' n'étos point d' huit jour' au service,
Qu' déjà j'avos cassé l' contrat....
Quand j'ai vu l' cantinièr' NICKLETTE
M'offrir ses goutte' in m'agaçant,
 Plan ran plan, plan ran plan,
Min cœur a fait comme eun' baguette:
Plan ran tan plan, tambour battant!

Un homm', pour cheull biell' cantinière,
Ch'est comm' pour un infant s' catou :
L' jour qu'on li donne é n'n est tout' fière
Mais l' lind'main ell' li casse l' cou....
NICKLETTE ayant cangé d' caprice,
M'a quitté pour un adjudant,
 Plan ran plan, plan ran plan.
Et fait mette à l' sall' de police,
Plan ran tan plan, tambour battant.

Ah ! fill' sans cœur ! sott' de NICKLETTE !
Pour l'adjudant quitter l' tambour!
Te n' savos point, méchant' serpette,
Qu' ch'étot faire affront à l'amour !!
Mi, sans m' fair' de mélancolie,
J' m'ai r'vingé d'sus l' femme d'un sergent,
    Plan ran plan, plan ran plan.
Point si cruell', quoiq' pus jolie.
Plan ran tan plan, tambour battant !

J' peux dir' que cheull double avinture,
Dins l' régimint a fait du bruit.
Alors, on a vanté m' tournure,
On a mêm' dit qu' j'avos de l'esprit!...
Sott' raison : pour plaire à s' maîtresse
On n'a pas b'soin d'ète un savant.
Plan ran plan, plan ran plan.
Faut savoir faire avec adresse :
Plan ran tan plan, tambour battant!

J'ai fait la guerr' cont' les Kabyles
In vrai guerrier, in vrai luron ;
Quand j' rincontros l'eun' de leus filles,
Vite j' faijos m' déclaration....
Vettiez pourtant queulle injustice,
J' n'ai point même un p'tit bout d' ruban,

Plan ran plan, plan ran plan,
Pour récompinser min service.
Plan ran tan plan, tambour battant !

Plus tard, quand j'ai r'venu dins Lille,
J' m'ai souv'nu d' mes premièr's amours ;
J'ai r'trouvé cheull malheureus' fille.
Hélas ! elle avot fait d' biaux tours !
Mariée et gross' de sin sixième ,
Laide à faire peur, sans doup's vaillant ;
Plan ran plan, plan ran plan,
Cha prouv' qu'elle a fait comm' mi-mème :
Plan ran tan plan, tambour battant !

UNE AVENTURE DE CARNAVAL.

Air allemand : Heraus, heraus, die Klingen.

Puisque vous volez rire ,
Acoutez, j' vas vous dire
Un tour que m' femm' m'a jué
Au carneval passé.
Vous m' trait'rez d' Nicodème....
Hélas ! avec eun' femme,
Des diables, l' pus malin,
Y perdrot sin latin.
    Tralla la la la la la la,
    Tralla la la la la la.

Espérant fair' bamboche,
Avec dix francs dins m' poche,
Déguisé in pierrot,
J'arrive au CASINO.
J'aime assez m' femm' Christine,
Mais v'là : comme in cuisine,
Lasser d' mier du bouli,
On désir' du rôti.
    Tralla la la, etc.

Pour faire eun' conter-danse,
Sans pus d' façon, je m' lance
D'mander cheull qu'à mes yeux,
Pou l' tournure étot l' mieux ;
Elle accepte, et d' l'orchesse
L' violon, l' piston, l' gross'-caisse,
Nous faittent fair' des sauts
Comm' des vrais sauteriaux !
    Tralla la la, etc.

Après l' danse, à m' princesse,
In guisse d' politesse,
J'offre un verr' de liqueur,
Pour fair' passer s' sueur.
Et puis, j' li dis : « Biau masque !
Min cœur, dur comme un casque,
Est v'nu, d'puis que j' t'ai vu,
Mol comm' du burr' fondu !... »
    Tralla la la, etc.

« Chin qui veut dir', fillette,
Qu' t' as déjà tourné m' tiête,
Et qu' te peux, d'un seul mot,
M' fair' dev'nir tros fos sot....
Mais te n' s'ras point cruelle :
Quand on est tendre et bielle ,

I faut, suivant l' besoin,
Soulager sin prochain. »
    Tralla la la, etc.

« Pierrot, m' répond m' princesse,
J' cros qu'i n'y-a rien qui presse,
I n' faut mett' sus sin dogt,
Que d' l'hierbe qu'on connot....
Pourtant, j' veux bien vous l' dire,
Déjà min cœur soupire',
Et, pour vous, biau mahou,
Brûl' comme d' l'amadou !...
    Tralla la la, etc.

Eh ben ! que j' li réplique,
Aussitôt l'vons boutique,
Faut point r'mette au lind'main
L' bonheur qu'on a dins s' main ;
In tout faut de l' prudence,
Laichons là valse et danse,
Sans piston ni tambour
Nous f'rons bien mieux l'amour !
    Tralla la la, etc.

In route avec cheull femme,
Je m' dijos in mi-même :
« Si m' daronn' nous veyot,

Mon Dieu quoich' qu'ell' dirot!...
Elle arrach'rot, je l' jure,
De m' princesse l' figure....
Mais bah! n' parlons point d' cha,
Ch' qu'on n' sait point n' fait point d' ma. »
  Tralla la la, etc.

Infin, d' fil in aiwille,
Nous arrivons dins Lille.
Là, m' biell' princesse m' dit :
« J' reste au bout du RÉDUIT.
A m' mason v'nez sans crainte,
Vous n'intindrez point d' plainte,
Car, d'un galant comm' vous,
M'n homme n' s'ra point jaloux!... »
  Tralla la la, etc.

A cheull dernièr' parole
Tout min bonheur s'in vole,
Et j' m' démasque aussitôt
M' princess', qui m' dit: « Pierrot,
Imbrasse t' femm' qui t'aime,
Et rapins'te in ti-même,
Qu'on n'est jamais mieux mis
Qu'avec ses vieux habits ! »
  Tralla la la la la la la,
  Tralla la la la la la.

L' MARCHAND D' MACARONS.

Air: Il était un p'tit homme.

J' vas vous conter l'histoire
Du marchand d' macarons
　　Desguignons :
I s'a couvert de gloire
Par tout chin qu'il a dit,
　　Ch'l homm' d'esprit.
Quand vous intindrez
Les tours qu'il a jués ,
Avec mi vous direz :
« Queu bon garchon *(bis).*
Que ch' marchand macarons! »

Comm' i n'avot point de père,
Souvint, pus d'un chochon,
　　Gai luron ,
Li parlot de ch' mystère....
Mais li, sans disputer,

Sans bisquer,
I dijot : « M'n ami ,
J' parie avec ti
Qu' te n'n a poin' autant qu' mi! »
Queu bon garchon, etc.

Volant s' mette in ménache,
I rincont' dins l' rue d' Pods,
    L' fill' de Chos ;
I l' demande in mariache.
Ell' répond : « J' vodros bien,
    Mais j' n'ai rien !... »
— « Si ch' n'est qu' cha, marions,
M' boîte à macarons
Rapport' des picaïons !... »
Queu bon 'garchon, etc.

Un jour, rintrant d' l'ouvrache,
I trouve s' femme avec
    Un blanc biec !...
D'abord, écueumant d' rache,
Il impoinn' l'amoureux
    Par les ch' feux,
I l' traite d' flandrin,
Et dit, r'tirant s' main,
« Bah !... ch'étot min destin !... »
Queu bon garchon, etc.

Pour fair' sin biennifice,
Il a rindu savant
    Un quien blanc,
Qui sait fair' l'exercice
Comme un vieux serviteur
    De l'Imp'reur ;
Poussant d' joyeux cris,
S' couch' sur un tapis
Comm' *les fill's de Paris !*
Queu bon garchon, etc.

In vindant s' marchandisse,
Alfos, des ribotteux,
    Des farceux,
Pinsant d' faire eun' malice,
Muchott'nt dins l' cabaret
    Sin bonnet.
Mais sin quien, malin,
Flairant dins chaq' coin
Li rapportot dins s' main....
Queu bon garchon, etc.

Eun' fos, s' boîte sus l'épaule :
Il intre à *Saint-Amand ;*
    In l' veyant
Eun' femm' dit cheull parole :
« J' prinds tous vos macarons

Pour chinq ronds!... »
I répond comm' cha :
« P'tit' femme, à ch' prix là
A m' quemiche i n'y-en a !... »
Queu bon garchon, etc.

Eune aut' fos, un mariache
Dansot au *Vert-Galant*,
 Mais l' mariant
Allot rester in gache,
Pasqu'i manquot d'argint.
 Heureus'mint,
Ch' brave homme arrivant
I crie : « *V'là l' marchand !*
Et s' boît' pour répondant.
Queu bon garchon, etc.

N'y-ara six mos à l' fiète,
Qu'i n'a pus b'soin de rien
 Ch' pauv' quertien !...
Les bonn's gins de l' Plachette
Et cheuss' de Saint-Sauveur,
 In ameur,
L' menant chez *Coulon*,
A s' bonne intintion,
Dijottent ch'l oraison :
« Queu bon garchon *(bis)*,
Que ch' marchand d' macarons! »

L' CANCHON - DORMOIRE.

Air imitatif par l'auteur des paroles.

« Dors min p'tit quinquin ,
Min p'tit pouchin,
Min gros rogin ;
Te m' f'ras du chagrin,
Si te n' dors point qu'à d'main. »

« Ainsi, l'aut' jour, eun' pauv' dintellière,
In amiclotant sin p'tit garchon,
Qui, d'puis tros quarts d' heure, n' féjot qu' braire,
Tachot d' l'indormir par eun' canchon.
Ell' li dijot : « Min Narcisse ,
D'main t'aras du pain-n'épice,
Du chuc à gogo ,
Si t'es sache, et qu' te fais dodo. »

« Dors min p'tit quinquin,
  Min p'tit pouchin,
  Min gros rogin ;
Te m' f'ras du chagrin
Si te n' dors point qu'à d'main. »

Et si te m' laich' faire eun' bonn' semaine,
J'irai dégager tin biau sarrau,
Tin patalon d' drap, tin giliet d' laine...,
Comme un p'tit milord te s'ras farau !
  J' t'acat'rai, l' jour de l' ducasse,
  Un porichinell' cocasse,
        Un terlututu ,
Pour juer l'air du *Capiau pointu...* »

  « Dors min p'tit quinquin,
    Min p'tit pouchin,
    Min gros rogin ;
  Te m' f'ras du chagrin,
  Si te n' dors point qu'à d'main. »

« Nous irons dins l'cour Jeannette-à-Vaques,
Vir les marionnett's. Comm' te riras,
Quand t'intindras dire : « *Un doup' pou Jacques !* »
Pa l'porichinell' qui parl' magas !...

Te li mettras dins s' menotte,
Au lieu d' doupe, un rond d' carotte.
        I t' dira : *Merci !...*
Pins' comm' nous arons du plaisi ! »

    « Dors min p'tit quinquin,
        Min p'tit pouchin,
        Min gros rogin ;
    Te m' f'ras du chagrin,
    Si te n' dors point qu'à d' main. »

« Et si par hazard sin maîte s' fache,
Ch'est alors Narciss' que nous rirons !
Sans n'n avoir invie, j' prindrai m'n air mache,
J' li dirai sin nom et ses sournoms,
    J' li dirai des faribolles,
    I m'in répondra des drôles,
        Infin, un chacun
    Verra deux pestac' au lieu d'un... »

    « Dors min p'tit quinquin,
        Min p'tit pouchin,
        Min gros rogin;
    Te m' f'ras du chagrin
    Si te n' dors point qu'à d'main. »

« Allons serr' tes yeux, dors min bonhomme,
J' vas dire eun' prière à p'tit Jésus,
Pour qu'i vienne ichi, pindant tin somme ,
T' fair' rêver qu' j'ai mes mains plein's d'écus ;
    Pour qu'i t'apporte eun' coquille ,
    Avec du chirop qui guille
        Tout l' long d' tin minton....
    Te t' pourlecq'ras tros heur's de long ! »

      « Dors min p'tit quinquin ,
        Min p'tit pouchin,
        Min gros rogin ;
      Te m' f'ras du chagrin
      Si te n' dors point qu'à d'main. »

« L' mos qui vient, d' *Saint-Nicolas*, ch'est l' fiête ,
Pour sûr, au soir i viendra t' trouver.
I t' f'ra un sermon , et t' laich'ra mette
In d'zous du balot, un grand painnier.
    I l' rimplira, si t'es sache ,
    D' séquois qui t'rindront ben ache.
      Sans cha, sin baudet
    T'invoira un grand martinet!... »

      « Dors min p'tit quinquin,
        Min p'tit pouchin,

Min gros rogin ;
Te m' f'ras du chagrin
Si te n' dors point qu'à d'main. »

Ni les marionnett's, ni l' pain-n-épice
N'ont produit d'effet. Mais l' martinet
A vit' rappajé l' petit Narcisse,
Qui craingnot vir arriver l' baudet.
  Il a dit s' canchon-dormoire.
  S' mèr' l'a mis dins s'n ochennoire,
    A r'pris sin coussin,
  Et répété vingt fos che r'frain :

    « Dors min p'tit quinquin,
      Min p'tit pouchin,
      Min gros rogin ;
    Te m' f'ras du chagrin
    Si te n' dors point qu'à d'main.

———

OPINION DU GARCHON GIROTTE

SUR LES CHOSES TOURNANTES.

Air : Vive la Lithographie.

On est lassé d'intind' dire :
« Les journals sont innuyants ! »
Mi, j' cros qu' tout cha ch'est pour rire,
Tell'mint j' les trouve amusants...

Au moins, un journal est bon
A fortifier l' vieux dicton,

Qui dit : « Nous v'nons vieu' et lourds,
Nous appernons tous les jours. »

Surtout, d'puis qu' des hommes d' scieince,
Sus des table' et des capiaux,
Ont fait pus d'une espérieince,
On lit des séquois fort biaux.

Grâce à ches homm's si malins,
On n' a qu'à s' tenir les mains,
Pour fair' tourner tout autour
Un objet léger ou lourd....

On vot des assiett's tournantes ;
On vot des capiaux tournants ;
On a des tables *parlantes* (1) ;
On a des buffets *parlants*.

Quand on veut les fair' cesser
On n'a qu'à leu dire : Assez !...

(1) A l'instar des chevaux savants ; en frappant du pied.

Cha suffit ; car aussitòt,
Y s'arrêt'nt et ne ditt'nt pus mot...

Ah mais! ch' dernier point me r'garde,
Et dès d'main j' vas l'l'essayer
Sus m' femm', qui toudis bavarde...
Pristi! que j' vas l'l'attraper!..

Vous dit's, je l' vos dins vos yeux,
Qu'eun' table et m' femm' cha fait deux,
Qu'elle a bien pus d'intiêt'mint....
J'approuv' fort vot raisonn'mint

Du moins si ch' malheur m'accable,
J' me r'ving'rai pa ch' trait nouviau :
« T'as l' tiêt', pus durte qu'eun' table,
Et moins d'esprit qu'un capiau! »

Mais j' cros que j' réussirai,
Car, inter nous, déjà j'ai
Fait des espérieince' aussi
Qui, franch'mint, ont réussi.

Vous allez dir' : Ch'est eun' craque !
Comm' j'ador' les fins morciaux,
L'aut'fos, j'acate eun' couq'-baque
A l' biell cav' des *Quat'-Martiaux*.

Aussitôt que j' sus servi,
Je me rappell' tout chin qu' j'ai li.
Alors je m' dis : Ch'est i vrai ?
Vite, essayons, je l' sarai...

D' mes mains j'intoure m'n assiette :
Au bout d'eune heure à peu près,
Elle a fai' eun' pirouette
Et m' couq'-baque a queu dins l' grès.

In veyant ches résultats,
Tout l' monde a ri aux éclats.
On m'a dit : « T'es-t-un cola,
D' croire à tous ches bêtiss'-là !...

In v'là-t-i des incrédules ?
Heureus'mint j' m'ai consolé,

In pinsant qu' ch'est des avules
Qui ditt'nt qui n'y-a point de solei.

Au lieu d'êt' décoragé,
J'ai v'nu comme un inragé ;
A n' point voloir passer l' jour,
Sans r'quemincher un aut' tour.

J'cour' à m' *Société d' malales*,
Composée d' gins bien portants.
J'leu dis: « J' vas fair' des parates,
Et des jus réjouissants ! »

Avec tous ches gais chochons,
Près d'eun' table nous s' plachons :
« Attintion ! que j'dis, t'nez-vous,
Incaînés pa l' main, tertous !... »

Au bout d'un quart-d'heure à peine,
Ell' tourne comme un molin....
J' li crie: arrêtez !... ell' claine, (1)
Et puis... elle s'arrête, infin.

(1) Elle s'incline.

« Mais p'tit' table ch' n'est point tout,
Nous volon' aller qu'au bout.
On va vous mette à l'essai,
Pour vous fair' dir' l'àch' que j'ai.... »

Comme eun' personn' naturelle,
Cheull table, avec sin pied d' bos,
A fai' eun' répons' fidèle,
In buquant juste trint' cops.

Mes chochons, poin' étonnés,
In riant m' ditt'nt à min nez :
« Tous tes tours ch'est point l' Pérou,
Si t'y cros t'es-t-un balou !... »

» Cheull' table, fort complaisante,
Qui t'as répondu si tèt,
Ch'étot tin cousin Zanzante,
Qui donnot des cops d' chabot. »

Malgré l'avis d' ches sott's gins,
Puisque j' l'ai vu, je l' soutiens :

Awi, cheull table a tourné,
Détourné, clainé, *parlé !...*

Tiens ! j'écrirai, pou m' fair' croire,
Un certificat marquant.
Afin qu'i viv' dins l'histoire,
Je l' sign'rai avec min sang ! ! !.

CHOISSE ET THRINETTE.

PASQUILLE.

—

Au marqué d' Louche, un jour, Thrinette
Marchando' un painnier d'ongnons.
In l' veyant, eune aut' femm' s'arrête
Et, l' fixant d'puis les pieds qu'à l' tiête
Li di' à peu près ches raisons :
« Bonjour Thrinette !....
In vérité, d'puis que j' te r'vette
Avé t' toilette,
Gross' badoulette,
Je m' dis dins m' tiète :
Es-ch' que ch'est fiête ?

T'as des sorlets
Tout cliquant nués ;
Un écourcheu
D' femm' de monsieu ;
Eun' biell' caîn' d'or.....
Es-ch' que t'as trouvé un trésor?
Et puis, t'es rouv'laint' comme eun' rosse,
T'as de l' prestance, un air tout chosse.....
On dirot, ma parol' d'honneur,
Qu' t'es pus de l' paroiss' Saint-Sauveur!... »

THRINETTE.

Eh ben ! t'as mis l' nez d'sus, Françoisse.
N'y-à tros ans qu' j'ai quitté l' paroisse,
Et d'puis ch' temps là, je l' dis tout d' bon,
I s'a passé bien d' l'iau d'zous l' pont.

CHOISSE.

Es-ch' que t'as fai' eune héritance ?

THRINETTE.

Eh non ! ch'est point d'là qu'est v'nu m' chance.

CHOISSE.

T'as peut-êt' gagné l' gros lingot?

THRINETTE.

J'ai point mêm' gagné un craq'lot.

CHOISSE.

Alors, t'as vindu t'n âme au diable ?

THRINETTE.

Eh ben non, non ! point si coupable.
J'ai rincontré un bon quertien
Qui m'a dit : « Thrinette, j' n'ai rien....
Rien.... ch'est point l'mot : j'ai du corache
D' quoi faire un bon homme de ménache.
Si vous volez m' rind' bien heureux,
Consinté' à n' fair' qu'un d' nous deux,
Et, m' main sus m' conscieince, j' promets
Que d' la vie vous n' s'in r'pintirez.....

CHOISSE, *riant*.

Ah, ah, ah, ah ! mon Dieu, qu' ch'est drôle ,
Un canarien din' eun' guéole !...,
Te veux m' fair' croir' qu'un ouverrier
Avé s' semain' peut t'habiller
    Comm' eun' duchesse ?
    Drol' de diablesse !....

THRINETTE, *en colère*.

Choiss', tin riache est insultant !..
Qu'eune aut' que ti m'in dije autant,

Foi d' Thrinette j' li donne eun' pronne !...
(S'appaisant).
Mais comm' t'es-t-eune ancienne camponne
    J' te pardonne.....

CHOISSE, l'interrompant.

T'as point besoin de m' pardonner,
Te f'ros gramint mieux de m' prouver
    Qu' chin qu' te m'avanche
    N'est poin' eun' planche !.
Car infin, j'ai un homme aussi...,
Tiens, j' vas t' mett' les points sur les i,
Pou t' fair' vir qu'avecque s' semaine
Nous vivons, mais ch' n'est point sans peine.

I gagne à ch't heur' sus l' pied d' douz' francs,
(I n'n avot qu'onz' n'y-à point longtemps).
J' prinds là-d'sus mes vingts sous d' toilière,
Vingt sous d' sorlets, vingt sous d' leumière,
    Trint' sous d' carbon,
    Dix sous d' savon;
V'là déjà chinq francs, tout compt' bon.
Nous mingeons deux d'mi liv's de burre,
    Ch'est vingt-siept sous;
Eun' mesur' de puns d' tierre à p'lure,
    Incor quinz' sous;

Trinte-et-eun' liv's de pain d' blazé,

  Quat' francs deux sous ;

Quatorz' demi-onch's de café ,

  Quatorze sous,

Et d' mes douz' francs, reste deux sous.

Deux sous !.... pour avoir des tablettes,

Thim, laurier, poivre et sé, lavettes,

  Bleu, amidon,

  Potass', ramon......

Car i faut d' tout din' un ménache.

J' n'ai point compté vingt sous d' louache,

Ni l' barb' de m'n homm', ni sin toubac,

Ni s' société, ni sin cognac

De Saint-Sauveur..... Comm' mi, Thrinette,

Te sais qu' quand il arrive eun' fiête

On n' peut point rester à s' mason

Sans dépinser un picaïon......

Te vos donc, qu' si ch' n'est qu' j'ai l' ressource

Quand nous somm's réduit' à l' plat'-bourse,

De dir' *savez* au boulinger

  Et au graissier,

J' n' poros jamais m'in r'tirer.

THRINETTE.

Choiss' te carcul' comme un notaire.

D'après l' compt' que te viens de m' faire,

Tout l' monde approuv'rot tes raisons ;
Mi, j' vas t' fair' des observations :
D'abord, t'as parlé de l' semaine
De tin daron, mais point de l' tienne.....

CHOISSE.

M' semaine, à mi ? fameux bébet !
Peut-on compter sus du dint'let ?
On jur'rot qu' te r'viens d' l'auter monde,
Car, à vingt lieues d' Lille à la ronde,
On sait qu' ch'est un métier perdu ;
Je n' gagn' mie seul'mint pou min snu !

THRINETTE.

J' veux bien t' croir', mais pou t' tirer d' peine
L' pauverieu t'as mi' *à l' quinzaine,*
Ch'est déjà un bon p'tit soula.....

CHOISSE.

Tiens, tiens, Thrinett' te m' fais du ma
 D' parler comm' cha.
N'y a-t-i point d' quoi bourrer s' bedaine
Avec un pauv' pain par semaine ?
Sus l's aut's paroiss's cha va incor :
On a tas in temp' un *gros-mort*
Qui vous laiche un p'tit héritache :
Du pain, du burre et du fromache,
Comm' dit l' canchon, à la bonne heur !

I n'n est point d' mêm' sus Saint-Sauveur :
S'il arriv' queq'fos qu'un brave homme
Laich' pour les pauvre' eun' certain' somme,
A l' distribution nous somm's tant,
Qu'un verr' de schnich dins l' Grand-Tournant
F'rot pus d'effet dins cheull rivière,
Qu' chin qu'on nous donn', sus not misère.....

THRINETTE.

Eh ben merci des complimints !
Mais te n' dis rien d' tous ches jeun's gins
Qui, sans craint' de s' rind' bien malates,
Ont fait des si biell's cavalcates,
Et des pourca' à tin profit,
Afin de t' procurer un lit !....
Tiens Choisse, j' te parle sans rire,
Ch'est avec raison qu'on peut dire :
« Qui fait du bien à-n-un vilain
Est sûr qu'i li crach'ra dins s' main. »

CHOISSE.

Allons n' te mets poin' in colère,
S'i l' faut même, j' consin' à m' taire,
A condition qu' te m'apprindras
Comm' te t'as tirée d'imbarras,
Et j' tach'rai d' m'imbarquer sus t' route.
Allons veyons, parle ! j' t'acoute.

A peine ell' finichot ch' récit,

Qu'un vieux chav'tier s'approche et dit,

In leu présintant des cayères :

« J'ai pinsé, biell's petit's commères,

Que d'puis si longtemps qu' vous èt's là

A bavarder à la papa,

      Vous d'vé' êt's lasses.

Ch'est pourquoi que j' viens vous offrir

Ches deux cayèr's pour vous assir.....

      Quoi !.... des grimaces

Pour me r'mercier ? vous èt's cocasses,

In vérité ! car, là, franch'mint,

J' comptos sur un p'tit r'mercîmint !... »

Ch'est p'tit's femm's veyant qu'on rit d'eusses,

Aussitôt d' colèr' vienn' tout bleusses.

Choiss' s'approchant du vieux chav'tier,

Li dit : « Te veux nous faire aller,

      Viell' cruche !

      Imborgneux d' puche !

T'aros mieux fait, va, j' tin réponds,

D' continuer d' cloer tes talons,

Car, puisque te m' déclar' la guerre,

J' vas t'arringer de l' bonn' manière ;

Te verras si j'ai *tous mes dints.* »

Alors, s'adresser à les gins

Rassemblés pour vir cheull biell' scène,
V'là qu'ell' débit' tout d'eune haleine
Des mots..... à fair' drécher les ch'veux
Sus l' tiêt'. Ell' l'a traité d' taingneux,

   D' plat gueux,

   D'escogriffe ;

   Sans cœur,

   Voleur,

   Tiête à giffe ;

   Capon,

   Poltron,

   Platellette ;

   Nigaud,

   Salot,

   Et mazette ;

Infin, comme é n' trouvot pus rien,
Ell' li-a dit : MATHÉMATICIEN !!!....
In intindant cheull drol' d'insulte,
I s'a fait, d' rire, un tel tumulte,
Que l' chav'tier, honteu' et réhu,
S'a sauvé comme un quien perdu.....

Choiss', fière d' rimporter l' victoire,
Di' à Thrinette : « Allons, viens boire
Eun' goutte pour rassurer min cœur,
Et fair' passer m' méchante humeur. »

Comm' dit fut fait : cheull gaie commère
N'avot point mêm' vidié sin verre,
Qu'elle avot déjà r'pris l' dessus.
« Thrinett', qu'ell' dit, tiens n' pinsons pus
   A cheull viell' coinne,
   T'as r'pris t'n haleine!
Ainsi, te peux, sans pus tarder,
M' dir' tout chin qu' t' allos m' raconter
   Sus tin ménache.
   Va, j' s'rai ben ache,
Si te peux m'indiquer l' moyen,
D' faire eun' séquoi avecque rien. »

THRINETTE.

Mon Dieu, Choiss', je n' sus point sorcière,
Tout chin que j' fais, te poros l' faire,
Si te savos mette in action
Tout l' vérité du vieux dicton,
Qui dit : *Au jus d' mamzell' Charlotte,*
Ch'est l' pus malin qui attrapp' l'aute.

CHOISSE.

Bien débuté, mais te n' dis point
Quoich' que t' intinds pa l' mot malin!....

THRINETTE.

L' malin, ch'est ch' ti qui remplit s' poche
Quand l's aute' ont vidié leus goussets ;

Ch'est ch'ti qui varoule in caroche
In esclaboussant l' va-nu-pieds ;
Ch'est ch'ti qui ming' de l' confiture,
Des p'tits poulets et bot du vin ,
Quand les aute' ont pour norriture,
Des puns d' tierr' malate' et du pain.

CHOISSE.

In vérité te m' f'ros bien rire,
Car t'as tout l'air d'un avocat
Qui parle eune heur' pour ne rien dire.
Arrive au fait!....

THRINETTE.

Allons, m'y v'là.
J' t'ai dit que j' m'ai mi' in ménache,
Avec un homm' rimpli d' corache.
In mêm' temps, il a tant d'instincts,
Qu'i fait tout chin qu'i veut d' ses mains.
Dins l' temps, in r'venant de s'n ouvrache,
I rapportot du partissache ;
Il él'vot des quiens , des ojeaux ,
Pour les vinde à des prix fort hauts ;
I raccomodot des pindules ;
Faijot des vierges, des hercules ,
Avec des ch'veux ;
I sait la plume : et les fillettes

V'nottent li faire écrir' des lettes
       Pou d's amoureux.....
Si bien qu'infin, au bout d'un an
Nous avîm's tros chints francs comptant.
Mais pour gagner eun' parell' somme,
Queu ma qu' s'a donné min pauvre homme !....
    passot les tros quarts des nuits,
Cha n' m'allot point... eun' fos j' li dis :
« Paul, comm' ti j' vodros bien v'nir riche,
Trop longtemps j' n'ai eu qu'eun' quemiche
Que j' lavos les sam'di' au soir,
Pour n'avoir point dins l' cœur ch'l espoir.
Mais j' veux te l' dir', quoique i m'in coûte,
J' cros vraimint qu' t'es point sus l' bonn' route,. .
Si te continu' de ch' train là,
Un certain jour, on s'in ira
A l' chim'tière infouir tes oches....
Mi, j' me r'tourn'rai, mais tes mioches
       Quoich' qu'i d'viendront ?
Hélas ! ches p'tits infans n'aront
Qu'un av'nir de peine et de misère
Et leus pauv's petits yeux pou braire....
Au lieu qu' si te veux m'acouter,
Cha march'ra comm' sur des roulettes;
Tant pus qu' les aute' aront des dettes,
Tant pus qu' nous poron' impocher.... »

Là-d'sus, Paul a l'vé ses épaules
In m' dijant : « Te m'in dis des drôles !
Pourtant, veyons vir tin moyen. »
« Mon Dieu, ch'est simple comme rien :
Quand nous sarons quequ'un à l'gêne ,
Nous offrirons d' li faire un prêt ,
A condition d' rind' *par semaine*,
Un sou par franc pour l'intérêt.... »
M'n homme a fort bien compris l'affaire ,
I m'a dit : « Ch'est bien, t'as qu'à faire
      Comm' te l'l'intinds. »
De ch' jour mêm', j'ai trouvé des gins,
Qui sont v'nus m' donner leus pratiques.
Queu biau métier !... point d' frais d' boutiques,
Point d' drots d' patinte... et des profits !....
Te n' me croiras point si j' te dis
Qu' trint' francs, qu' j'ai prêté' à un homme ,
      M'ont rapporté tros fos
      Cheull' somme ,
      Tout d'puis neuf mos !....
Ch'est pourtant vrai. Tiens, l'auter fos
Un garchon m' dit : « J' sus dins l' détresse :
Ch'est après-demain l' fiêt' de m' maîtresse,
Et j' n'ai point d' doup's pour l' bistoquer.
Avec elle i n' faut point craquer.
Si je n' li donn' qu'eun pair' de fouffes ,
Pour sûr ell' me donn'ra mes mouffes.

Pinsez Thrinett' queu déshonneur !
Ah ! je m' brûl'rai l' cervelle au cœur,
Si vous n' me donnez point tout d' suite,
D' quoi li-offrir comme ell' le mérite,
Eun' pair' de biell' *dormeusses* in or ! »
— « Mais t' as des manièr's de milord,
Que j' li réponds, quoi des *dormeuses!*
Te fréquent's donc des rattacheusses?....
N'y-a qu'euss' pour savoir dégourdir,
Un homm' qui veut les indormir !...
Mais t'as point réfléchi, sans doute,
Combien qu'un parel présint coûte?
Si j' te fournis d' quoi l'acater,
Quoi-ch' que te f'ras pour t'acquitter?
Car ch'est pus simple à dir' qu'à faire.... »
— « Thrinett' j'ai d' quoi vous satisfaire :
Vous savez que j'ai fai' un congé
Dans les *Zéphirs*; par bonheur, j'ai
Pour récompinser min mérite,
Un certificat d' bonn' conduite,
Avec eune *épinglett' d'honneur.*
Je n' donn'ros point, j' vous l' dit d' bon cœur,
Ches séquois là pour un impire ;
Eh ben ! preuv' que j' veux point m' dédire
De not marqué, j' vas, d' vant témoins,
Aujourd'hui les r'mett' dins vos mains,

Pou m' les rind' sitôt que j' s'rai quitte..... »

J' li ai donné ses doup's bien vite,
Pinsant bien qu'un parel garant,
Est sûr comme d' l'argint comptant.

Et v'la comme avec min commerce,
Que d'puis deux ans seul'mint j'exerce,
Nous éparaignons des écus,
Comme un certain nommé Crésus,
Qu' je n' connos point. J'ai l'espérance,
Si pindant dije ans j'ai l' mêm' chance,
D' pouvoir, avé m'n homm', me r'tirer
Din' eun' petit' mason d' rintier,
Et d'y viv' comm' des coq' in pâte.
L' dimanch', nous iron' à l' prom'nate,
Nippés, comm' des vrais muscadins,
Avec les habits les pus fins !....
J' cros déjà vir sus min passache,
L' mond' s'arrêter pour nous fair' plache,
Et nous dir' d'un air d'imbarras :
Monsieu ! Madam' ! pus haut que l' bras.
Te sais qu' ch'est ainsi qu' cha s' pratique....

CHOISSE.

« Tais-toi', car te m' donn's la colique....

Et j' perds patieince à t'acouter !....
Te cros donc qu'on va t'admirer
Pour avoir volé l' pauver monde?
Va, va, t'n éreur est bien profonde ,
Comm' dit certain prédicateur.
Tant qu'i rest'ra des homm's de cœur
I t' mépris'ront comme eun' chavate.
Et mi j' te dis : « T'es-t-eune ingrate.
Puisque tin cœur est sans pitié,
J' te r'tir' pour toudis m'n amitié,
Et j' te définds, si te m' rinconte ,
De m' dir' bonjour, car cha m' f'rot honte!.... »

N' s'attindant poin' à cheull leçon,
Thrinette a resté court, tout d' bon;
Elle a laiché partir Françoisse
Sans dire à r'voir; puis, cheull grivoisse
A l'vé l' camp d'un air résolu,
In roucoulant che r'frain connu :
J'en ris, j'en ris, tant je suis bonne Fille !....

Et mi , veyant tout cha fini,
Dins l' mêm' moumint, j'ai pris l' parti
D'aller composer cheull pasquille.

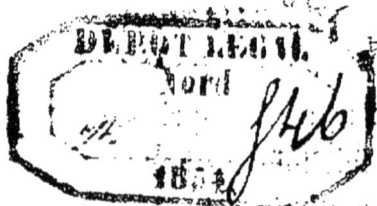

MANICOUR.

Air nouveau par l'auteur des paroles.

Manicour est l' biau garchon qu' j'aime.
  Ch'est point sans raisons,
  Allez ! j'in réponds.
Il a l' voiss' pus douch' que de l' crême,
  Des yeux terluijants,
  Comm' des viers-luijants.
  Quand i veut s' mêler
  D' les fair' briller
  Sur cheuss' d'eun' femme,
  Ch'est comme un fichau (1)
  Qui fournaque un ojeau...

Fill' qui n'a point connu l'amour,
Ch'est qu'ell' n'a point vu Manicour.
  L'amour, l'amour
  D'rot s'app'ler Manicour !

(1) Fouine.

Manicour a d' l'esprit comm' quate.
    I fait tous les jours
    Trint'-six calembourgs ;
In d'visant, i donn' des cops d' patte
    Si bien appliqués,
    Qu'on n' peut répliquer ,
    I fait des couplets,
    Uch' que *gob'lets*
    Rime avec *jatte ;*
    Ses r'frains son pleins d' *Tra*
    La la ! La youp ! La la !

Manicour est fort sur la danse.
    Ch'est plaisi de l' vir
    Fair' des pas d' zéphyr,
Des interchats pleins d'élégance ,
    Des ail's de pigeon,
    Des sauts qu'au plafond !
    Quand je l' vos s' lancer,
    Je m' sins bronser.
    Malgré s'n aisance,
    J' crains bien qu' tôt ou tard,
    I s' cass' les fis d'acar !...

Manicour connot la musique.
    I jue du piston,

Cant' comme un pinchon.
I veut fair' mieux, car i s'applique
 A povoir canter
 Et s'accompagner.
 S'i peut parvenir
 A réussir,
 Cha s'ra comique,
 D'intint' sin piston,
In mêm' temps que s'canchon....

Manicour, qui connot l'histoire,
 Vous ramintuvra,
 Tout chin qu'on vodra.
I vous suffira d' li fair' boire
 Un simple *canon*,
 Pour qu'i trouve au fond :
 Qu' *les Rois*, *l' Parjuré*,
 L' Rælure,
 Vienn't avant *la Foire*;
 Et l' *Saint-Nicolas*
 Bien après *l' Mardi-Gras*.

Manicour avé s'n air cocasse,
 Et ses tours si biaux,
 F'rot rir' des caillos.
I saute, i dans' comme un payasse;

I fait des timblets,
Et des badoulets;
Il imite l' quien,
L' cat, l' canarien,
L' merle et l' bécasse;
Quand i fait l' baudet,
On crot vraimint qu'il l'est....

V'là quasimint l' portrait de ch'drille.
   Par dessus tout cha,
   On peut dir' qu'il a
L' cœur d'un lion, les traits d'eun' jeun' fille,
   L' prestanc' d'un soldat,
   L' japp' d'un avocat.
   Courez, parcourez,
   Si vous trouvez
   Dins l' vill' de Lille
   Un homm' si parfait,
   J' vous paîrai du café!...

Fill' qui n'a point connu l'amour,
Ch'est qu'ell' n'a point vu Manicour.
   L'amour, l'amour
   D'rot s'app'ler Manicour !

CROQSORIS.

Air nouveau par l'auteur des paroles.

J'avos mis m'n amour sur eun' biête.
Un cat qu' j'appélos Croqsoris.
Il étot pus rar' qu'eun' comète,
Avé s' gross' queue et ses poils gris....
Mais des brigands d' min voisinache ,
A les Rois, volant fair' festin,
Ont pris cheull pauver biête au liache ,
Pou l' minger in guiss' de lapin.....

Ches capenoul' ont tordu l' cou
    D' min biau matou,
    D' min gros minou,
Qui faijot si bien mi-a-ou !
     Mi-a-ou !!!

Et quand il on' eu commis ch' crime,
Ches vrais vauriens, ches gins sans cœur
Sont v'nus m'vir, et m' dir', pour la frime :
« Brav' femm' nous plaignons vot malheur. »

Sus l' temps que j' perdos m' voisse à braire,
Il' ont pindu à min rideau,
Comme un grain_nard d'apothicaire,
L' tiêt' de min cat, par sin musiau.

Ches capenoul' ont tordu l' cou
    D' min biau matou,
    D' min gros minou,
Qui faijot si bien mi-a-ou!
      Mi-a-ou!!!

Veyant dins cheull vilain' posture,
L' restant d' Croqsoris, qu' j'aimes tant,
J'ai poussé un triste murmure,
Au point d'arrêter chaq' passant.
J'ai pris dins mes mains cheull pauv' tiête,
Je l' l'ai bajé' comm' du bon pain,
Et, pou l' conserver, j' l'ai fait mettè
Din' un grand bocal d'esprit d' vin....

Queu malheur, on a tordu l' cou
    D' min biau matou,
    D' min gros minou,
Qui faijot si bien mi-a-ou!
      Mi-a-ou!!!

Croqsoris faijot mes délices,
Par tous les p'tits tours qui m' juot.

Il avot des drôl's de caprices :
Quand j'avos de l' viande, i l' volot;
Si par hazard j'oblios d' mette
Eun' couverture à min pot d' lait,
J'étos bien sûr' que ch' petit traîte
S'in irot bien vit' l'avaler.

Queu malheur on a tordu l' cou
    D' min biau matou
    D' min gros minou,
Qui faijot si bien mi-a-ou!
      Mi-a-ou!!!

Comme il aimot les friandisses,
J' li faijos minger à tous r'pas,
Du fi', du pomon, des saucisses,
De l' panchette et d' l'andoull' de q'vas!...
Chaq' jour, infin, ch' étot ducasse,
Je n' savos qu' fair' pou l' régaler.
Quand l' matin j' buvos m' *petit' tasse*,
J' li donnos m' tablette à chucher....

Queu malheur, on a tordu l' cou
    D' min biau matou,
    D' min gros minou,
Qui faijot si bien mi-a-ou!
      Mi-a-ou!!!

Pour li j'avos l' cœur d' eun' bonn' mère :
Quand il étot bien ingavé,
Je l' vettios, et j'étos tout' fière
D' vir que s'panch' ramonnot l' pavé....
Heureux comme un petit coq in pâte,
I n'étot pourtant point contint,
Car, un jour, in juant de l' patte,
Il a croqué min canarien.....

Queu malheur on a tordu l' cou
    D' min biau matou,
    D' min gros minou,
Qui faijot si bien mi-a-ou !
    Mi-a-ou!!!

Malgré ses p'tits défauts, j' vous jure
Que j' donn'ros gros pour mi l' ravoir....
J' vodros qu'on punich' de l' torture,
Cheuss'-là qui faitt'nt min désespoir !
J' vodros les vir, din' eun' guéole,
Pindant tros heure' au pilori,
Et leu marquer sus chaque épaule,
Ches mots, avec un fier rougi :

  « Ches capenoul' ont tordu le cou
    D' min biau matou,
    D' min gros minou,
Qui faijot si bien mi-a-ou !
    Mi-a-ou!!! »

LES PRÉDICTIONS DE M'N ARMENA.

Air nouveau de l'Auteur.

Un armena sans prédictions,
Ch'est un mac-avul' sans leunettes ;
Ch'est un lapin cuit sans angnons,
Et des vieill' gra-mèr' sans crochettes.
     Et v'là ! et v'là
Les prédictions de m'n armena :

Au mos d' janvier i gèl'ra dru :
Chaque noquère ara s' candéliette,
On aim'ra mieu' un air de fu
Que l' pus bielle air de clarinètte.
     Et v'là ! et v'là
Les prédictions de m'n armena !

Féverier, qu'on appell' *court-mos,*
Nous donn'ra queq' jours de carème :

On verra dins gramint d'indrots
Minger pus d' lait-battu que d' crême....
   Et v'là ! et v'là
Les prédictions de m'n armena.

Mars ara des fameux gruos :
Aussi je n' crains point d' vous prédire,
Qu'in veyant vos sorlé' à tros,
Tous les cordonniers pouff'ront d' rire...
   Et v'là ! et v'là
Les prédictions de m'n armena.

Au premier d'avril, on verra
Des balous courir à l' moutarde,
Et ch'l amus'mint réjouira
Pindant tous l' mos pus d'eun' bavarde.
   Et v'là ! et v'là
Les prédictions de m'n armena.

Avecque l' mos d' mai, arriv'ront
Biell's fleurs, vertes feulle' et rosées.
Alors aussi, des fleurs pouss'ront,
Qui n'ont point b'soin d'ête arrousées.
   Et v'là ! et v'là
Les prédictions de m'n armena !

Gramint d'amoureux dins l' mos d' juin,
Tout joyeux vont fair' des mariaches.
Heureux queq' jours ... Un biau matin
L' broulle arriv'ra dins leus ménaches....
          Et v'là ! et v'là
Les prédictions de m'n armena.

Du mos d' julliet, l' forte caleur
F'ra rire un marchand d'iau-poète,
Qui donn'ra des *cann'sons d'honneur*
A cheuss' qui piq'ront l' mieu' eun' tiète....
          Et v'là ! et v'là
Les prédictions de m'n armena.

L'août fournira gramint d' olé.
Aussi combien d' gins nous répètent
Qu'on ming'ra du pain bon marqué....
Si les grands marchands d' grains l' permettent.
          Et v'là ! et v'là
Les prédictions de m'n armena.

Tout septembre nous apport'ra
Bien d' l'agrémint, vous povez m' croire,
Puisque dins ch' mos, chacun goût'ra
Les plaisis qu' peut donner la Foire.

Et v'là ! et v'là
Les prédictions de m'n armena.

In octobre arriv'ra, mes gins,
L' fiêt' *Saint-Crépin*, l' temps des marées ;
Les cordonniers ming'ront d's hérings,
Avec des bonn's gross's couq'-chucrées....
Et v'là ! et v'là
Les prédictions de m'n armena.

Novembre est un mos bien fameux,
Mais qui, malheureus'mint, nous ruine.
Aussi vous verrez d's amoureux
S' brouiller pou l' fiêt' de Sainte-Catherine....
Et v'là ! et v'là
Les prédictions de m'n armena.

Infin, triste et frod comme un mort,
Arriv'ra l' dernier mos, décembre.
Plaît à Dieu, qu' pour nous rire incòr
J'invint'rai des r'frains dins m' viell' cambre.
Et v'là ! et v'là
Les prédictions de m'n armena.

13 Août 1851.

NICOLAS

OU

•

LE BAISER VOLÉ.

Air: Du Curé de Pomponne.

Nicola' est un d' ches garchons,
Qui, quand i vott'nt eun' fille,
D'puis les ch'veux, jusqu'à les talons
Tout leu corp' in fertille.....
Par malheur i n'-y-a des tendrons
Rimplis d' vertu.... dins l' tiête.
    — Ah! te t'in souviendras,
        Nicolas !
   D'avoir bajé Thrinette.

Thrinette, intre l'né et le minton
Ayant r'chu eun' babache,
Au lieu d' rire avecque ch' luron,
Ell' rougit, ell' se fàche;

Ell' prind sin chabot pa l' talon,
D' Nicolas, ell' find l' tiête.....
 — Ah ! te t'in souviendras,
    Nicolas !
 D'avoir bajé Thrinette.

Pa ch' cop d' chabot, abasourdi,
Veyant trint'-six candelles,
Nicola' ouvre se bouque et dit :
« Fill' ! t'aras d' mes neuvelles !
Dès d'main tous les gins du Réduit
Saront qu' t'es-t'eun' grippette. »
 — Ah ! te t'in souviendras,
    Nicolas !
 D'avoir bajé Thrinette.

Ell' li répond : « Dis chin qu' te veux,
Je m' ris d' tes bavardaches.
Pour m'imbrasser, j'ai m'n amoureux,
Un gaillard à moustaches.
Au lieu qu' ti, t'es-t-un p'tit morveux
Sec comme eune alleumette.....
 — Ah ! te t'in souviendras,
    Nicolas !
 D'avoir bajé Thrinette.

L' moustafia , l' superbe amoureux,
Arrive, et s' mé' in garde ;
Nicolas, n' fait ni eun' ni deux,
I li flanque eune œuillarde.....
Mais li-mème a eu l' tour des yeux
Noir comme l' cœur d'un traite....
   — Ah ! te t'in souviendras,
         Nicolas !
   D'avoir bajé Thrinette.

L' maîtresse de Nicolas, Mad'lon,
Accourt. Les deux maîtresses
S'impoign't aussitôt pa l' chignon ;
Thrinett' quet sus ses f....
Mad'lon, profitant l'occasion,
Li donn' pus d'eun' cliquette....
   — Ah ! te t'in souviendras,
         Nicolas !
   D'avoir bajé Thrinette.

Tout l' mond' criot : « Hardi ! Mad'lon ! »
Par malheur, la police
Est v'nu', sans fair' gramint d' façon,
Mett' fin à ch'l exercice,

In m'nant les acteur' au violon,
Sans tambour ni trompette....
— Ah ! te t'in souviendras,
      Nicolas !
D'avoir bajé Thrinette.

Nicolas n' conserve aucun r'gret
D' cheull cocasse avinture,
A r'quemincher, même, il est prêt,
Sur une jolie figure.
Pourtant souvint, au cabaret,
Près d' li chacun répète :
« Ah ! te t'in souviendras,
      Nicolas !
D'avoir bajé Thrinette. »

Février 1854.

L'CANCHON-THRINETTE

ET

L'IMP'REUR DE RUSSIE.

(Air: Du Café de Pompona.)

Sur *Nicolas*, j'ai composé
Eun' canchon drôlatique,
Grâce à ch' *noms*, vite on a piusé
Qu' ch'étot de l' politique;
Che refrain tout l' monde a répété,
In cangeant pus d'eun' lette :
      « *Ah ! te t'in souviendras,*
            Nicolas !
      D'avoir bajé Thrinette. »
Nos conscrits, contints dins leu *sort*,
Ont dit l' *Canchon-Thrinette.*
Veyant cha, l'écrivain du Nord (1),
L'à mis dins s' grand' gazette...

(1) Voir le *Nord* et la *Liberté* des 4, 9 et 11 mars 1854.

La Liberté, faijant pus fort,
A *marié* cheull' fillette :
   « *Ah ! te t'in souviendras,*
        Nicolas !
   D'avoir MARIÉ *Thrinette.* »

Ch'est alors qu'un journal d'Evreux
A dit (nous d'vons bien l'croire),
Que des jeunes conscrits tout joyeux
D'courir à la victoire,
Cantott'nt che r'frain fort guerroyeux
In vidiant pus d'eun' chope :
   « *Ah ! tu t'en souviendras,*
        Nicolas !
   Du combat de Sinope. »

Pus tard, Monsieu E.-C. Piton,
Fort connu comm' poète (1),
A volu faire aussi s' canchon
Sus l' bielle air de Thrinette ;
Mais, parlant l' langache du grand ton,

---

(1) M. E.-C. Piton, l'auteur de la chanson intitulée : *Les Gardes
de la Porte*, était, il y a une vingtaine d'années, l'un des chanson-
niers chéris des goguettes parisiennes ; le refrain suivant d'une de
ses chansons bachiques est resté populaire :

      Verse à boire, où je vais mourir !

A fait sin r'frain d' cheull' sorte :
« *Non, tu n'entreras pas ,*
  Nicolas !
 Tant qu' nous gard'rons la Porte. »

Puisque *Thrinette* a fait sin qu'min,
J'vas parler d' la Russie.
Sans pu tarder, je m' met' in train
D' composer m' létanie.
Comme les aut's, pour canger min refrain
I n' me faut qu'eun' minute :
 « *Ah ! te t'in souviendras,*
  Nicolas !
 D'avoir caché dispute. »

Rien qu'à ch'nom d' Nicolas, d'ailleur',
Je m' sins v'nir in colère ;
Et j' sus contint, parol' d'honneur,
Qu'on va li fair' la guerre.
J'espère que nous arons l' bonheur,
De l' faire danser sans flûte.
 Ah ! te t'in souviendras,
  Nicolas !
 D'avoir caché dispute.

In y pinsant, t'nez, min sang bout,
J' vodros t'nir un Cosaque ;
Je l' rétindros, par un atout,
Plat comme eun' vrai' couq-baque ;
Vrai, d'un bout du monde, à l'aut' bout,
On parl'rot de s' culbute....

    Ah ! te t'in souviendras,
        Nicolas !
    D'avoir caché disprte.

Nicolas s' crot des pus malins,
I n' veut fair' qu'eun' conquête :
Invoyer juer tous les souv'rains,
Et du monde rester l' maite....
Mais j' cros bien qu' tous nos brav's marins
L' front rintrer dins s' cahutte.

    Ah ! te t'in souviendras,
        Nicolas !
    D'avoir caché dispute.

                    Mars 1854

LE CABARET.

Air nouveau de l'auteur.

Ch'est au cabaret,
Que l' tristesse,
Viell' tigresse,
Sitôt disparaît....
Vive l' cabaret !

On a canté *la Foire*,
L' Brad'ri', l' Canchon-Dormoire,
Un p'tit pochon à boire,
Et *L'Vieux Ménétrier.*
On nous a cassé l' tiête
Avé *l' Canchon-Thrinette;*
J' veux qu'à ch't heure on répète
Che r'frain à plein gosier :
        Ch'est au cabaret, etc.

Ch' vieux grand-père à leunettes,
S'in va lir' les gazettes.
I n' pass'ra point tros lettes,

9

Point même un quien perdu....
Non seul'mint cha l'l'amuse,
Mais v'là surtout s'n escuse :
Ch'est qu' sus ch' temps-là, i n'use
Ni s' candelle, ni sin fu...

Ch'est au cabaret, etc.

Vettiez ches jueux d' carte :
Ch'ti qui busi, écarte.
On dirot Bonaparte,
Au bivac d'Austerlitz.
I perd la tramontane....
L'aut' l'infonce et s' pavane.
Et pourtant, chin qu'i gagne
Ch'est pour mett' zous l' tapis.

Ch'est au cabaret, etc.

Vettiez cheull fill' proprette,
Avé s' bai' d' cazinette,
Sin capot d' cotonnette,
Et des biaux noirs chabots.
Ell' paraît faite au moule.
Pour plaire à cheull biell' poule,
Pus d'un garchon roucoule.....
Ch'est pir' qu'un combat d' coqs.

Ch'est au cabaret, etc.

Ch'l homm' qui paraît bénache,
A fait bis à s'n ouvrache.
S' femme arriv' tout in rache
Pou l' traiter d' grand capon.
I li fait boir' de l' bière ;
Sitôt cheull mach' commère,
Obliant s' grand' colère,
Vient douch' comme un mouton.

　　　Ch'est au cabaret, etc.

Quoiq' d'eun' richess' postiche,
Là, l'ouvérier s' crot riche,
Car i four' dins leu niche
Les tourmints, les tracas ;
Quand il a bu de l' bière,
S'i pai', l' cabarétière,
Li dira, pour li plaire,
Monsieu pus haut que l' bras.

　　　Ch'est au cabaret,
　　　　Que l' tristesse,
　　　　Viell' tigresse ,
　　　Sitòt disparaît. ..
　　　Vive l' cabaret !

LA VIEILLE DENTELLIÈRE.

SOUVENIRS ET REGRETS.

Air nouveau de l'auteur.

Mad'lon, l' doyenn' des dintellières,
L'aut' jour, in r'muant ses broq'lets,
Parlot d' ses joie' et d' ses misères
A pus d' vingt jeun's gins rassemblés.
   Ell' récomparot les jours
     De s' vieillesse,
   Au pus biau temps des amours
     De s' jeunesse ;
   Ell' rappélot ses plaisis,
   Ses chagrins, ses soucis,
   Et répétot toudis :

« Pour éloigner cheull vielle histoire
     De m' mémoire,
     Trottez ! trottez !
     Mes p'tits broq'lets,
     Trottez! trottez ! »

« A quinze ans j'étos joliette,
On m' répétot vingt fos par jour :
— Mon Dieu, Mad'lon, qu' vous èt's bien faite !
Vous avez tous les traits d' l'amour.
   Et quand on vous vot marcher,
      J' vous assure
   Qu'on n' peut cesser d'admirer
      Vot tournure :
   Vous èt's comme un *postillon*,
   Qui trottin' tout au long
   De l' fichell' d'un dragon....

   « Pour éloigner cheull vielle histoire
      De m' mémoire,
      Trottez ! trottez !
      Mes p'tits broq'lets,
      Trottez ! trottez ! »

— Vous avez l' voiss' d'eune alouette.
Quand vous cantez, quand vous parlez,
On crot d'intinde eun' clarinette
Qui ju' l'air des pus biaux couplets.
   Dins vos yeux noir' et brillants
      On s' pourmire ;
   Vos orell's garni's d' pindants
      On admire ;
   Et l' moindre d' vos amoureux,

Pour eun' mêche d' vos ch'veux
Donn'ro' eun' gambe ou deux.

« Pour éloigner cheull vielle histoire
        De m' mémoire,
        Trottez ! trottez !
        Mes p'tits broq'lets,
        Trottez ! trottez ! »

« Ch'étot l' bon temps des dintellières ,
On gangnot d' l'argint à ruffler.
Aussi, j' n'avos point des berlières
Comme à ch't heur', pour mi m'habiller.
        J'avos des grands farbalas
            Les dimanches; ·
        Des biaux p'tits lis'rets lilas
            Sus mes manches ;
        Des *faveur'* à mes sorlets,
        Cocarde' à mes bonnets,
        Des bas d'soie à mes pieds. »

« Pour éloigner cheull vielle histoire
        De m' mémoire,
        Trottez ! trottez !
        Mes p'tits broq'lets,
        Trottez ! rottez' »

« A vingt ans j' m'ai mi' in ménache
Avec un homm' biau comme un cœur.
Aussi j' peux dir' que not mariache
A mis tout l' canton in amcur.
    Nous avons fait nos quinz' tours
        In caroche ;
    Et pindant pus d' huit grands jours,
        In bamboche,
    Dins Lille et dans les fourbougs,
    On n' rincont'rot pus qu' nous
    Marchant bras d'sus, bras d'sous. »

« Pour éloigner cheull vielle histoire
        De m' mémoire,
        Trottez ! trottez !
        Mes p'tits broq'lets,
        Trottez ! trottez ! »

« Mais par malheur, j'ai resté veufe
Avec tros infants sur mes bras.
Mon Dieu ! mon Dieu ! queull triste épreufe !
Pus d' plaisi, gramint d'embarras :
    Min vieux garchon d'puis longtemps
        Fait l' penoule ;
    M' fill', qui n'a point dije-huit ans,
        Ell' fait l' droule ;
    Hélas ! et l'aut' garchon qu' j'ai

Volant faire un congé
L'aut' fos s'est ingagé. »

« Pour éloigner cheull triste histoire
        De m' mémoire,
        Trottez ! trottez !
        Mes p'tits broq'lets,
        Trottez ! trottez ! »

« Me v'là donc vielle et presque infirme,
N' gangnant pus d' quoi minger du pain.
Heureus'mint, l' pauverieu m'affirme
Qu'on m'attind au Bleu-Tot dès d'main.
    Quand j'arai là, mes habits
        D' cotonnette,
    On rira bien d' mi, si j' dis
        Qu' jeun' fillette,
    Pour mieux fair' mes imbarras,
    J' portos des farbalas
    Et d's écourcheux d' taff'tas. »

« Pour éloigner cheull vielle histoire
        De m' mémoire,
        Trottez ! trottez !
        Mes p'tits broq'lets,
        Trottez ! trottez ! »

HEUR ET MALHEUR

ou

L' DUCASSE DE SAINT-SAUVEUR.

Air : J'ons un curé patriote ou de l'Almanach de pœhe.

On dit qu' *la vie a des charmes.*
J' ajoute : elle a des tourmints,
Puisque nous versons des larmes
D' joie et d' peine à tous moumints.
Pour comprint' chin que j' dis là,
Acoutez le r'frain que v'là :

    « Queu bonheur !
    Queu malheur !
A l' ducass' de Saint-Sauveur
    J'ai ri d' bon cœur !
    J'ai brait d'bon cœur ! »

Quand, pour annoncer cheull fiète,
On a sonné les tritrons,
Tout l' mond' canto' à tue-tiète :

« *Du gambon, nous in ming'rons !* »
Alors, pinsant qu'à m' mason
N'y-avot poin' un picaïon....
      Queu malheur !
      Queu malheur !
A l' ducass' de Saint-Sauveur
    J'ai brait d' bon cœur !
    J'ai brait d' bon cœur !

Mais l' lind'main, à cheuñ ducasse,
J' rincont' Catherin' Réjoui.
J' li fai' eun' risé' cocasse ;
J' li d'mand' qu'ell' vienne avec mi...
V'là s' réponse, ou à peu près :
« J'ai v'nu drot-chi tout esprés. »
      Queu bonheur !
      Queu bonheur !
A l' ducass' de Saint-Sauveur
    J'ai ri d' bon cœur !
    J'ai ri d' bon cœur !

Nous parton' à la badine,
Tout in riant, tout in d'visant.
J'avos l' plaisi peint sus m' mine,
Mais.... je r'cho' un *renfonc'ment*,
Et ch'ti qui m' l'avot donné,
M' flanque eun' gauq' pa d'sus l' marqué ...

Queu malheur !
Queu malheur !
A l' ducass' de Saint-Sauveur
J'ai brait d' bon cœur!
J'ai brait d' bon cœur !

Cheull *farce* criot vengeance ,
Aussi j'attrapp' min luron ,
J' li dis : « J' vas t' donner eun' danse,
Allons ! mets-te in position !.... »
Sin visach' tout dépiché,
Prouve assez que j' m'ai r'vingé.
Queu bonheur!
Queu bonheur!
A l' ducass' de Saint-Sauveur
J'ai ri d' bon cœur,
J'ai ri d' bon cœur !

V'là qu' Cath'rin' vot les q'vas d' bronse ,
(Elle est sott' de ch' plaisi là).
J'aros volu qu'elle y r'nonce,
Mais crac ! ell' saut' sur un q'va .'..
In faijant ses imbarras,
Elle a bourlé l' tiète in bas....
Queu malheur !
Queu malheur !
A l' ducass' de Saint-Sauveur

J'ai brait d bon cœur,
J'ai brait d'bon cœur !

J' l' croyos queu in faiblesse,
Aussi j'étos transi d' peur.
Ell' se r'lève et vot m' tristesse,
Ell' me dit : « Rassur' tin cœur.
I n' faut point brair' comme un viau,
J'in s'rai quitt' pour un boursiau.... »
  Queu bonheur !
  Queu bonheur !
A l' ducass' de Saint-Sauveur
 J'ai ri d' bon cœur !
 J'ai ri d' bon cœur !

Là d'sus j'ai r'conduit cheull fille,
Qui m'a donné l' permission
D'aller d'mander à s' famille
D'avoir l'intré' de s' mason.
Infin, à minuit sonnant,
J' m'ai couché in marmottant :
  « Queu bonheur !
  Queu malheur !
A l' ducass' de Saint-Sauveur
 J'ai ri d' bon cœur !
 J'ai brait d' bon cœur! »

VIOLETTE.

PASQUILLE ET CHANSON.

V'là huit jours tout comme aujourd'hui,
Tous les habitants du Réduit
Etott'nt din' eun' fameus' foufelle.
Passant par là, j' vo' un chacun
Habillé sus sin trinte-et-un,
Et chaq' femm' répourer s'n achelle ,
Ainsi qu' cha s' fait l' vell' d'un attau.
Ah ça, qu' je m' dis, n'y-a du nouviau,
Ch'est sûr... J'accoste eun' vieill' lachoire,
J' li d'mande l' fin mot de ch'l histoire....
Ell' me' vett' d'un air tout surpris
Et m' dit : « Vous n'èt's point de ch' pays?
Sans cha vous sari qu' Violette,
Parti n'y-ara six an' à l'fiête
    Pour' èt' tambour,
Nous a fait savoir l'auter jour
Qu'il arriv'ra aujord'hui même
    V'nant d'Angoulême ;
Et qu' veyant cha, tous ses chochons,

10

Joyeux comm' des couplets d' canchons,
Ont mis tertous leu biell's capottes
Avant que l' diable euch' mis ses bottes,
Pour aller li presser la main
Du côté du molin d' Léquin,
Et l' ram'ner drot-chi in escorte.... »
J' li réponds : Vous m'in dite' eun' forte
Gra-mère !.... Eh quoi ! pac' qu'un garchon
R'vient d'èt' soldat, tout un canton
S' met sans sus d'sous comme à l' ducasse ?
Vous m'avez pris pour un bonnasse
Qui croirot cha.... vous s'abusez.
Sans m' vanter, tel que vous m' veyez,
A trinte ans j'ai quitté m' famille
Pou partir in colonn' mobile ;
J'ai gangné les fiève' à Dantzick,
Et j' n'ai poin' eu un verr' de schnick
Quand j' sus r'venu, sans qu'i m'in coûte.... »
— Tiens, tiens, qu'ell' dit, i n'y-a point d' doute,
    S' lon les gins
    On fait les présints....
Vous n' s'appélez point Violette ?
Vous n'èt's point l'amoureux d' Rosette ?
Des homm's comm' vous n'y-in a gramint.
Au lieu que ch'ti-là qu'on attind
Est pus rar' qu'un abre à poir's cuites.
J' gag'ros l' Réduit cont' les Elites

Qu'on irot d' Tourcoing à Cassel,
Sans povoir trouver sin parel....
D'ailleurs, acoutez bien s'n histoire,
Et vous verrez si vous d'vez m' croire : —
« Un matin qui n' faijot point clair,
Car ch'éto' in plein cœur d'hiver,
Ros'-Magrite, in purant ses chintes
  Sur un mont d' fien,
  Intind ches plaintes :
  Ohein ! Ohein !...
Alors, elle y vette d' pus proche,
Ell' vot qu' ch'éto' un p'tit mioche
  Infachinné,
  Abadonné.
Il avot l'air de dir' : — Man mère,
Ayez pitié d' mi, de m' misère,
Ne m' laichez point morir drot-chi ! —
I n'y-arot qu' un cœur indurchi
Qui porot trouver cha risible,
Et Magrite étot fort sensible.
Ell' prind ch' pauvre infant dins ses bras,
L'importe à s' mason à grands pas ;
Ell' li mé' eun' double fachenne
Pou l' récauffer, ell' l'appouchenne
  D' sus s'n écour,
Et l' fait boire.... au gob'let d' l'amour,
Car Magrite étot fille et mère....

Alors ell' se dit : « Mais quoi faire
        De ch'l innochint ?.... »
Ell' fait v'nir ses sœurs, ses cousines,
Tous ses connaissanc's, ses voisines,
        Les v'là près d' chint.
Ell' leu dit s'n affaire au pus vite.
Eun' femme alors répond : — Magrite,
N'y-a qu'un moyen de s' tirer d' là,
Ch'est d' fair' tous les s'maine' un pourca.
Mi comme eune aut' je n' sus point riche,
Mais pour payer les frais d' noriche
S'i vous faut queq's sous chaq' sam'di,
        Comptez sur mi.... —
Et chaq' femme a fait l' mêm' promesse.
Du mêm' jour on a m'né à l' messe
        L'infant trouvé,
Monsieur l' curé l'l'a baptijé.
On li-a donné l' nom d' Violette,
Pa c' que cheull fleur, su sin lain'ron,
Etot brodée in points d' chaînette,
Avec de l' soie et du coton.

J' cros vous avoir dit qu' Ros'-Magrite
Affronté' par un hypocrite,
(Puisqu'il l'avot laichée in plan),
Etot mèr' d'un tout jeune infant;
Eun' fill'.

Rosette et Violette

Ont bu du lai' à l' mêm' chuchette;
Les mêm's lincheux leu-z-ont servi;
Quand l'un a brait, l'aut' n'a point ri;
Au son d'eun' viell' canchon-dormoire,
On les r'muot dins l'ochennoire;
Il' ont su marcher in mêm' temps;
Infin, l' mêm' jour, ches p'tits infants
Ont dit leu premier mot : *Mémère !!...*
Pus tard, par leu biau caractère,
Il' étott'nt insanne invités
Dins les bals, dins les sociétés.
Rosett' roucoulot des ariettes
Avec des tons si biaux, si clairs,
Qu'ell' faijot fisque à les p'tits-clercs
    Et l's alouettes.
On laichot là d' boire et d' minger
    Pou l'l'acouter....
Violett' dijot des pasquilles....
Pour divertir garchon' et fill'
Brûl'-Mason n' volot point mieux qu' li.
Ah! qu'il a un biau paroli!
Cha paraît si douche à l'orelle,
Qu'on dirot comme l' ritournelle
    D'un rigodon;
Ses mots vont les un' après l's autes,
Comm' Grand-Queva faijot ses notes

Sus sin violon....

Il est inutile de vous dire
Qu' l'amour étot v'nu s'introduire
Dins l' cœur de ches deux bons enfants,
      D'puis bien longtemps.
Quand un garchon, quand eun' fillette,
S'intind'nt comm' Rose et Violette,
On peut dir', sans fair' l'intendu :
Pour sûr i n'y-a d' l'amour sous ju.
Et v'là comme ch' petit lazare
Abadonné d'eun' mèr' barbare,
A trouvé l' bonheur sus l' Réduit.... »

Cheull' vielle étot là d'sin récit,
Quand l' joyeux son d'eun' clarinette,
D'un tambour et d' des chifflotiaux,
Arriv' de l' ru' des Sahutiaux....
J'y cour', et j' vos p'tit Violette,
Au mitan d' Magrite et d' Rosette,
Qui versott'nt des larmes d' plaisi.
Derrière euss', deux chints sans-souci
March'nt au pas comm' des vieux d' la garde.
L'un pinch' les boyaux d'eun' guitarde ;
L'aut' fait des grimac's comme un cat ;
Eun' femm' ju' du tambour-muscat ;
Enne aut', qui tient dins s' main s' vaclette,
Dit che r'frain, qu'un chacun répète :

Air nouveau de l'auteur.

« Le v'là ! le v'là !
L' petit Violette,
L'amoureux d' Rosette,
Le v'là ! le v'là !! »

« Ch'est bien li, vettiez, ch'est li-même !
Qu'il est brav' ! qu'il a l'air gogu !
I n' vient point comm' mars in carème,
Su l' Rédui' il est attindu.
A s'n honneur on f'ra huit jours de fiète ;
On buv'ra, on dans'ra, on crira :
        Le v'là ! le v'là !
        L' petit Violette
        L'amoureux d' Rosette,
        Le v'là ! le v'là !! »

« Si j'étos l'sonneu de l' paroisse,
Contint d' vir arriver ch' bon fieu,
Des tritrons j' f'ros sonner l' gross' voisse,
Cha n' peut point déplaire au bon Dieu.
J' f'ros, si j'étos marchand d' platellette,
Sonner les cloquette' au cou d' min q'va.
        Le v'là ! le v'là !
        L' petit Violette,
        L'amoureux d' Rosette,
        Le v'là ! le v'là !! »

« D'puis six ans qu'il est à l'armée,
On peut dir' que nous l' somme' aussi,
Nuit et jour, ch'est l'accoutumée,
On n' cant' pus, on n'a pus d' plaisi.
Mais ch' garchon va nous r'mette in goguette,
On rira qu'à temps qu'on s'in lass'ra....
   Le v'là ! le v'là!
   L' petit Violette,
   L' amoureux d' Rosette,
   Le v'là! le v'là ! »

« Comm' dins l' temps, dins nos biell's ducasses,
I nous f'ra rire à déclaquer
Pa s'n esprit, comm' par ses grimaces,
Et les tours qu'i sait si bien juer.
Ch'ti qui n' garantira point bien s' tiète,
Peut compter qu'eun' gross' gauque i r'chevra....
   Le v'là ! le v'là !
   L' petit Violette,
   L'amoureux d' Rosette,
   Le v'là ! le v'là!! »

« Quand viendra not biell' fièt' de Lille,
Vous y verrez ch' malin fichau,
Pus futé qu'un r'nard et qu'eun' fille,
Du mât d' cocagne inl'ver l' drapeau.
Pou s' faire admirer de p'tit' Rosette,
Qui-ch' qui gangn'ra l' prix de l' course-au-sa?

Le v'la ! le v'la !
L' petit Violette,
L'amoureux d' Rosette,
Le v'là ! le v'là !! »

« Final'mint, ch' luron nous rapporte
L' pus biell' des roses d' not capiau,
Qui, d' puis six an', étot comm' morte.
Pou r'mercier Dieu d'un jour si biau
Allez donc, chifflotiaux, clarinette,
Et cantons tertous pus fort que cha :

Le v'là ! le v'là !
L' petit Violette,
L'amoureux d' Rosette,
Le v'là ! le v'là ! »

Et ch'est ainsi qu'on a conduit
Violette AU FORT DU RÉDUIT.
Par malheur, la mitan d' l'escorte
Est resté', faut' de plache, à l' porte
De ch' cabaret. ...
Nous avons cangé cha d'un trait.
On a pris les verr's, les canettes
Les bans, les table' et des lavettes
Pour les ressuer,

Et quoiq' ch'étot lour' à porter,
Au bout d'un p'tit quart d'heure à peine,
Nous étîme' attablés, sans gêne,
Au pus biau mitan du Réduit ; .
Nous maingîm's d'un grand appétit
Des sorets, des œués, d' l'andoull' d'Aire,
Du pâté , du fi, des puns-d'-tierre
  Boulis dins l'iau,
Du bon fromach' de blanc-caillo,
Des craquette' et du cras potache.
Car, tous les femm's du voisinache,
Avott'nt ravagé leu buffet
Pour qu'i n' manque rien à ch' banquet,
Et pour fair' vir à Violette,
Que s'n arrivée éto' eun' fiète....

Nous li-avons bien prouvé aussi,
Quand nous avon' eu l' vint' rempli.
J' dis *nous*, car vous povez bien croire,
Qu'en veyant qu'i n'y-avot d' quoi boire,
A rire, à graingner, à canter,
J' n'ai pus pinsé à m'in aller.
L' plaisi, tout comme eun' joli' fille,
  Est capricieux,
Faut l' cajoler, sans cha, i file
  Pour trouver mieux.

J'ai donc fait là comme tous les autes.

J'ai déclaqué à t'nir mes cotes,

D'intind' les bleuss's que des farceux

Ont raconté's. Ch'est des minteux,

  Je l'sais.

Mais bien mintir n'est point facile....

Mintir sans nuire! un imbécile

  Ne l' sait jamais.

Les femme' ont canté des romances

Uch' qu'on parl' d'amour et d' souffrances

D'puis l' premier mot jusqu'au dernier.

On dirot qu'on n' peut point s'aimer

Sans fair' des soupirs comm' des vaques,

Sans parler d' poignard et d' poison !...

Avouez qu' tout cha ch'est des craques.

Ah! comm' j'aim' mieux cheull viell' canchon

Qu' nous a cantée un vieux grand-père :

  A chaque r'frain

On s'imbrasse, on aval' sin verre

In cantant : « *Viv' l'amour et l' bière....*

Quand on n' péut point s' payer du vin ! »

Cheull canchon nous a fait bien rire....

Mais j' pinse ichi, si j' veux vous dire

Chin qu'on a fait, chin qu'on a dit,

Nous n' partirons point d'vant minuit.

J' vas donc finir in queq's paroles :

Nous avons tertous jué nos rôles,

On n' peut point mieux.

Les jeun's, les vieux,

Pour amuser p'tit Violette,

Ont dit chin qui leu v'not dins l' tiête.

Aussi ch' garchon riot d' bon cœur,

D' nous vir, par li, d' si bonne humeur.

Pour prouver qu'il étot bénache,

I nous a dit : « Comm' min mariache

Avec Rosett', va s' fair' bétot,

J' vous invite à l' noce à l'écot ! »

Alors, on li-a fait la conduite ,

Ainsi qu'à Rosette et Magrite

Jusqu'à s' mason,

In cantant le r'frain de s' canchon.

« Le v'là ! le v'là !

L' petit Violette,

L'amoureux d' Rosette,

Le v'là ! le v'là ! »

LES MAFLANTS.

Air : J'arrive à pied de province,

ou

Si j'étais l' bon Dieu.

Mes amis, ouvrez l'orelle,
    J'vas dir' du nouviau ,
On porra tirer l'équelle
    Après min morciau.
Aussi, j' cros qu' vous allez rire
    Bien dur et longtemps,
Sitôt qu' vous m'intindrez dire
    L' canchon des maflants (*bis*).

11

J' vous dirai qu'eun' coss' m'étonne,
 Aussi j' n'y tiens pus,
Ch'est qu' jusqu'à ch' moumint, personne
 N'a rien fait là-d'sus.
Car on peut dire à la ronde,
 Les p'tits comm' les grands,
Qu'à chaq' pas qu'on fait dins ch' monde
 On trouv' des maflants (*bis*).

Eun' fille arrive à l' ducasse
 Pinsant d' s'amuser.
V'là qu'au bal, un grand bonnasse
 L' demande à danser.
I prind, pinsant fair' l'aimable,
 Un air languissant.....
Mais s' danseuss' l'invoie au diable
 Comme un vrai maflant (*bis*).

Vous s'in allez boire eun' pinte
 Pour vous délasser,
Un homm' vient, qui vous esquinte
 A forch' de d'viser.
Des concont's de ch' Nicodème,
 Vous dite' in bâillant
Et marmottan' in vous-même :
 « Mon Dieu queu maflant ! » (*bis*).

Du pestac', un jour, l'affiche
    Promet du nouviau.
J'y cour' ,et, n'étant point riche,
    Je m' plach' tout in haut.
On a jué, vettiez queull chance,
    Un dram' larmoyant !....
J'ai traité, pour tout' vengeance,
    L'auteur de maflant (*bis*).

Quand j'intinds, in fait d' musique,
    L'air de *Brididi*,
Min cœur fait *douq, douq, diq, dique*,
    Et saute d' plaisi ;
Mais si par eun' roucoulate
    Eune espèc' d'arlant
Met m's orelle' in marmelate,
    Je l' traite de maflant (*bis*).

Acoutez cheull dròl' d'affaire,
    Mais n'in dites rien :
Par eun' nuit, min vieux compère,
    Qui n' dormot point bien,
S'amuse à bajoter s' femme,
    Qui di' in rêvant .
« Ah ! m'n homm' n'est point ch'ti-là qu' j'aime,
    Il est trop maflant ! » (*bis.*)

D'puis que j' compos' de l' musique,
    Pour faire un peu d' tout,
J'intinds souvint qu'on m' critique
    Sur min méchant goût.
On m' dit qu' je ne sarais pus faire
    Des r'frains bien ronflants.....
J' réponds sans m' mette in colère :
    « Vous èt's des maflants ! » (*bis*).

Mais j' vous ai promis d'avanche
    Bien pus d' burr' que d' pain,
La fin de m' canchon avanche,
    Vous n' rigolez point.
Puisque je n' vous fait point rire,
    Au lieu d' batte un ban,
Vous n'avez qu'à tertous dire :
    « Queu canteux maflant ! » (*bis*).

LE CARNAVAL.

Air nouveau de l'auteur.

A Lill' nous avons des biell's fiètes :
Saint-Nicolas pour les garchons,
Saint'-Cath'rin' pour les jeun's fillettes ,
Saint-Eloi pour les forgerons.
Pour tout l' mond' nous avons l' *Brad'rie*,
Lundi-d'-paq's, Sainte-Anne et *l' Broq'let*. ..
On y peut rir' tout à s'n invie,
Quand on a d' quoi dins sin saclet.

Mais l'atau qui n'a point d'égal,
    Ch'est l' Carneval ! (*bis*).

8

L' Carneval est comme ch'l imache
Qui r'présinto l' mond' rinversé,
Uch' qu'on vot l' pourchau à l'ouvrache,
In train d' chaircuter l' chaircutier.
Ainsi, l' balou qui n' sait point dire
Tros fos : *du pain*, fait l' charlatan ;
Un homm' sérieux n' décess' point d' rire ;
Un richard fait l' marchand d' faltran !

Ah ! l'atau qui n'a point d'égal ,
    Ch'est l' Carneval ! (*bis*).

Comm' dins ch' monde i n'y-a que l' richesse
Qui nous donne un air important,
L' rattacheuss' vodrot v'nir duchesse,
Et l' babenneux rêv' d'èt' sultan.
Cheull sotte idé' nous tourne l' tiête
Chinq mos sur six, et ch'est pourquoi
Qu'on dépins' tout quand vient cheull fiête,
Afin d'avoir l'air d'eun' séquoi.

Ah ! l'atau qui n'a point d'égal,
    Ch'est l' Carneval ! (*bis*).

Aussi ch'est eun' fureur, eun' rache :
Pour avoir un costum' brillant,

Un biau capiau avec pleumache,
On va porter s' capote in plan.
Vous n' me direz point qu' ch'est eun' *planche*,
Pou l' biau plaisi d' bien s'arringer,
Pus d'un garchon, tros s'main's d'avanche,
N'a point payé sin boulinger.

Ah ! l'atau qui n'a point d'égal,
    Ch'est l' Carneval ! (*bis*).

Acoutez ! j' cros qu' j'intinds l' gross'-caisse,
Ch'est un kar de triomph' qui vient....
Vettiez ! tout in haut, v'là l' Sagesse
Toute ajouliée, ah ! qu'elle est bien !...
Inter nous, cheull fill' qu'on admire
Vind des bonnets, des cols, des fleurs....
Des méchant's lang's vont jusqu'à dire
Qu'ell' vind même aussi des *faveurs* !....

Ah ! l'atau qui n'a point d'égal,
    Ch'est l' Carneval ! (*bis*).

Après l' prom'nate on cour' à l' danse
Au *Guernadier*, au *Saint-Esprit*.
On tach' d'avoir eun' biell' prestance
Et d' fair' vir qu'on n' manq' point d'esprit.

Un général di' à s' princesse :
Vous soupirez ?... ell' li répond :
Non, général, non, ch'est que j' ..... tousse.
I n'y faut point faire attention !

Ah ! l'atau qui n'a point d'égal,
    Ch'est l' Carneval ! (*bis*).

J' n' dirai qu'un mot de l' coutume
Qu'on a d'aller *tirer l' canard*.
Vettiez ch ull fille, in biau costume,
Qui tient dins s' menotte un poingnard.
Les yeux baindés, l' démarche fière,
Ell' tu' l' canard, malgré ses cris.....
Victoire !.... elle a gangné l' cafetière !....
Ch'est ordinair'mint l' premier prix.

Ah ! l'atau qui n'a point d'égal,
    Ch'est l' Carneval ! (*bis*).

J' vas finir par eun' drol' d'histoire :
Un ménach' comme i n'y-in a point,
Onz' mos par an, ch'est à n' point croire,
L'homme et l' femm' vitt'nt *au mazarin*.
Mais quand l' biau carneval approche
On les vot r'mett' les fier' au fu,

Pou s' déguiser et fair' bamboche,
Jusqu'à qu' cheull fiête euch' disparu.

Ah ! l'atau qui n'a point d'égal,
    Ch'est le Carneval ! *(bis)*.

LE BONNET DE COTON.

PASQUILLETTE.

Dédiée à mon ami A. DUPUIS, avocat.

Mari'-Christine a marié s' fille
Avec un jeune et joyeux drille,
      Lundi passé.
Je n' vous racont'rai rien de l' noce,
Car i n' s'a point passé grand cosse
Qui vaut l' pein' d'ête r'marqué.
Nous êtime' à peu près quarante ;
On a pris l' guertier de l' mariante ;
On a mié de l' vaq', du gigot ;
On a bu à tir'-larigot
Du schnap, du café, de l' bonn' bière.

Au point qu' pus d'un a queu par **tierre**;
On a canté in vrai platiau,
Tout cha n'est ni rar', ni nouviau.
Mais l'histoir' que j' m'in vas vous **dire**
Et qui, j'espèr', vous f'ra bien **rire**,
N'est arrivé, j'in sus certain,
Qu'au mariach' du p'tit Célestin
Avecque l' fill' Mari'-Christine.

Marie-Christine étot chagrine,
Quand s' fillette, elle a vu partir
Avé s'n homm', pour aller dormir.
Ell' se dijot, cheull bonne mérotte :
« Mon Dieu, quoi-ch' que va dir' Charlotte ?...
Dins cheulle cambre, inserré' à deux,
Ell' rougira qu'au blanc des yeux,
Car ch'est eun' fill' si ombrageusse !...
J' pariros qu'elle est pus péneusse
Qu'eun' soris dins les patt's d'un cat !... »
Et l' bonn' Christine in dijant cha,
Marche sans bruit, arrive à l' porte
De l' cambre d' ses infants. In sorte,
Qu'elle intind Célestin qui dit :
« Ah queu malheur !... il est trop p'tit !... »
— Trop p'tit ?... (répèt' Mari'-Christine,
Faijant dins l'ombre eun' vilain' mine),

Eh mon Dieu ! d' quoi-ch' qui parle donc ?...
Elle acoute incore, et ch' luron
R'dit : « Gramint trop p'tit !... j' m'esquinte
Inutil'mint !... » Croyant comprinte,
Christin' dit : « V'là, parol' d'honneur,
L' premier qui s' plaint d'un tel malheur ! »
In ell'-même, ell' n'in faijot qu' rire.
— « Il est trop p'tit !... mais bah ! tant pire,
J'ai là min p'tit coutiau d' filtier
Qui m'aid'ra bien à l' l'ajuster !...
Ch'est dit, j' va' y fair' des intalles !... »

Christin' sint r'muer ses intralles....
Ell' crie : « Arrête !... arrêtez ! par pitié !!..

Infonçant l' porte à grands cops d' pié,
Elle intre comme eun' vrai' furieusse !
Mais là, cheull femme est tout' péncusse,
D' vir, près du lit, sin biau-garchon
Qui découd sin bonnet d' coton.

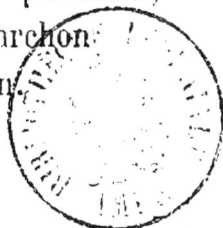

15 Centimes la Livraison

CHANSONS

ET

PASQUILLES LILLOISES,

Par

DESROUSSEAUX.

2.me Volume. — 4.me Livraison.

LILLE,

Chez CUFAY-PETITOT, rue des Sept-Sauts, 5,

ET CHEZ LES PRINCIPAUX LIBRAIRES.

1855

TITRES DES CHANSONS ET PASQUILLES

Contenues dans chaque livraison du 2.ᵉ volume.

Le titre et la Chanson-Préface se vendent. . . . » fr. 10 c.
Le Vocabulaire. . . . . » 20
La musique forme deux séries. Prix de chaque série » 30
Le volume complet, broché 2 50
  Id.   sans la musique . . . . 2 »

15 Centimes la Livraison

CHANSONS

ET

PASQUILLES LILLOISES,

Par

DESROUSSEAUX.

2.me Volume. — 5.me Livraison.

LILLE,

CHEZ LES PRINCIPAUX LIBRAIRES.

1853.

Comme par le passé, **Les Chansons et Pasquilles Lilloises** seront des esquisses de mœurs locales, exemptes de toute allusion personnelle; mais ce nouveau mode de publication, qui permet de les offrir dans leur nouveauté, donnera plus d'intérêt à celles qui auront un caractère d'actualité.

Les livraisons paraîtront à des époques indéterminées.

Les titres, tables et couvertures pour réunir les livraisons en volumes, seront donnés en supplément à MM. les souscripteurs.

En souscrivant chez M. LEFEBVRE-DUCROCQ, pour les 20 livraisons dont se composera ce volume, et qui seront remises aux domiciles des souscripteurs au fur et à mesure qu'elles paraîtront, prix : **2 francs.**

EN VENTE CHEZ LES LIBRAIRES DE CETTE VILLE.

Le 1.er volume, complet	2 fr.
Notice sur le patois de Lille et vocabulaire . . .	25 c.
Airs des chansons.	50 c.

Imp. de Lefebvre-Ducrocq.

15 Centimes la Livraison

CHANSONS

ET

PASQUILLES LILLOISES,

Par

DESROUSSEAUX.

2.*me* Volume. — 6.*me* Livraison.

LILLE,

Chez CUFFAY-PETITOT, rue des Sept-Sauts, 5,

ET CHEZ LES PRINCIPAUX LIBRAIRES.

1854.

TITRES DES CHANSONS ET PASQUILLES

Contenues dans chaque livraison du 2.ᵉ volume.

1.ᵉ LIVRAISON.

Le Jour de l'an.
L' Garchon d'hôpita.
L' Parainnache.

2.ᵉ LIVRAISONS.

La Curiosité.
La Nouvelle-Aventure.
L' Fille à Gros-Philippe.

3.ᵉ LIVRAISONS.

Soirée de M. Linski.
L'Homme-Bleu.
L' Molin Duhamel.

4.ᵉ LIVRAISON.

Histoire amoureuse d'un Tambour.
L' Marchand de macarons.

5.ᵉ LIVRAISON.

L' Canchon-Dormoire.
Opinion du Garchon Girotte sur les choses tournantes.

6.ᵉ LIVRAISON.

Choisse et Thrinette (pasquille).

7.ᵉ LIVRAISON.

Manicour.
Croqsoris.

Nota. La musique de *L' Canchon-Darmoire*, *Manicour* et *Croqsoris*, se vend séparément 15 centimes.

Le premier volume, y compris les airs notés, se vend.   2 fr. 50 c.
    Idem. sans les airs....................   2 fr.

15 Centimes la Livraison

CHANSONS

ET

PASQUILLES LILLOISES,

Par

DESROUSSEAUX.

2.me Volume. — 7.me Livraison.

LILLE,

Chez CUFFAY-PETITOT, rue des Sept-Sauts, 5,

ET CHEZ LES PRINCIPAUX LIBRAIRES.

1854.

TITRES DES CHANSONS ET PASQUILLES

Contenues dans chaque livraison du 2.ᵉ volume.

Nota. La musique de : *L' Canchon-Dormoire, Manicour et Croqsoris*, se vend séparément 15 centimes.

Le premier volume,. y compris les airs notés, se vend.. 2 fr. 50 c.
Idem. sans les airs.................. 2 fr.

15 Centimes la Livraison

CHANSONS

ET

PASQUILLES LILLOISES,

Par

DESROUSSEAUX.

2.me Volume. — 17.me Livraison.

LILLE,

Chez CUFAY-PETITOT, rue des Sept-Sauts, 5,

ET CHEZ LES PRINCIPAUX LIBRAIRES.

1855.

TITRES DES CHANSONS ET PASQUILLES

Contenues dans chaque livraison du 2.ᵉ volume.

NOTA. La musique de : *L' Canchon-Dormoire, Manicour* et *Croqsoris,*
se vend séparement 15 centimes.

Tous les airs des chansons parues seront publiés prochainement ; en
attendant on peut se procurer, manuscrits, ceux de *Violette*, du *Cabaret,*
Une vieille Dentellière, Les Prédictions, Les Maflants et *Le Carnaval.*

Le premier volume, y compris les airs notés, se vend.   2 fr. 50 c
Idem. sans les airs..................   2 fr.